Salata Şöleni

Lezzetin Yeşil Hali

Aylin Dursun

İçindekiler

Nane ve fesleğenli domates 9

sebzeli yaban mersini 11

Yaban mersini ve sırlı cevizli kinoa salatası..................................13

Somonlu makarna salatası...15

Ispanaklı ve marullu mantar salatası 17

Tavuklu Waldorf salatası 19

Baharatlı roka ve patates salatası..21

Avokado salatası ile tavuk sosu 23

Kremalı patates dereotu salatası 25

Peynirli ve roka yapraklı tavuk salatası......................................26

Acı biberli patates salatası 28

Kuskuslu tavuk salatası 29

Ayranlı kırmızı patates salatası 31

Tatlı kavunlu tavuk salatası...33

Dijon hardallı yumurta ve patates salatası 35

Bal ve cevizli tavuk salatası...37

Üzüm ve mayonezli tavuk salatası..39

Kremalı patates ve bitki salatası 41

Kuru üzümlü baharatlı tavuk salatası 43

naneli patates salatası 45

Karışık sebzeli körili tavuk salatası..47

Cevizli tavuk salatası 49

hardallı tavuk salatası 51

Baharatlı zencefilli patates salatası 53

Kereviz ve patates salatası 55

Patates salatası ile limonlu tavuk 57

Keçi peynirli patates salatası 59

Pico de Gallo - otantik Meksika sosu 61

Zeytinyağı ve limonlu salata sosu 63

Fasulye, mısır ve avokado salatası 64

Güneybatı makarna salatası 65

Kavrulmuş pancar salatası 67

Çıtır Lahana Ramen Erişte Salatası 69

Ispanaklı ve domatesli makarna salatası 71

Waldorf Salatası 73

İstuaeli salatası 74

Lahanalı makarna salatası 75

Meksika siyah fasulye salatası 77

siyah fasulye ve soslu mısır 78

Hindi Taco Salatası 79

gökkuşağı meyve salatası 80

Güneş ışığı meyve salatası 82

Narenciye ve siyah fasulye salatası 83

Baharatlı salatalık ve soğan salatası 84

Yaban mersini ve pancar ile bahçe salatası 85

Karnabahar salatası veya taklit patates 87

Salatalık dereotu salatası 88

sahte patates salatası 89

Bonnie'nin Patates Salatalık Salatası 91

Kırmızı meyveli ıspanak salatası 93

Borulu salata 94

Fesleğen soslu ve mayonezli salata 96

Bıçak ve çatalla ızgara Sezar salatası 98

Roma çilek salatası I...100

Yunan salatası 102

Çilekli beyaz salata...104

et salatası 106

Mandalina ve badem salatası 108

Ananas soslu tropikal salata 110

Kaliforniya salata kasesi..112

Klasik kızarmış salata 114

ıspanak ve böğürtlen salatası 116

İsviçre peynirli sebze salatası..118

Tuzlu havuç salatası 120

Turşu sebze salatası 122

Renkli kızarmış mısır salatası 124

kremalı salatalık..126

Marine edilmiş domates-mantar salatası.............................128

fasulye salatası..130

Sarımsaklı pancar salatası..132

Mısır turşusu...133

bezelye salatası...135

şalgam salatası..137

Elma ve avokado salatası...139

Mısır salatası, fasulye, soğan 141

İtalyan sebze salatası 143

Deniz mahsullü makarna salatası 145

Izgara Sebze Salatası 147

Lezzetli yaz mısır salatası 149

Karamelli çıtır bezelye salatası 151

Büyülü siyah fasulye salatası 153

lezzetli Yunan salatası 155

Muhteşem Tay salatalık salatası 157

Yüksek protein içeriğine sahip domatesli fesleğen salatası 159

Hızlı salatalık ve avokado salatası 161

Lezzetli Domatesli Orzo Beyaz Salata 163

Salatalık ve domates İngiliz salatası 165

Büyükannemin patlıcan salatası 167

Havuç, pastırma ve brokoli salatası 169

Ekşi krema ile salatalık ve domates salatası 171

Domates aromalı tortellini salatası 173

Mayonez soslu brokoli ve pastırma 176

Salatalık kremalı tavuk salatası 178

Yaban turpu soslu sebzeler 180

Tatlı bezelye ve makarna salatası 182

renkli biber salatası 184

Tavuk salatası, kurutulmuş domates ve peynirli çam fıstığı 186

Domates ve mozarella salatası 188

baharatlı kabak salatası 190

Domates ve kuşkonmaz salatası 192

Salatalık, soğan ve domates salatası 194

Adas Salataları 196

sincap 198

Bakdoonsiyyeh 200

dolmaya neden olur 201

Bronzlaşma 203

Gado Gado 205

Hobak Namul 207

Horiatiki Salatası 209

Patates salatası 211

Provence ile Kvashenaya Kapusta 213

Tavuk Waldorf Salatası 214

Zeytinli mercimek salatası, mükemmel ve beyaz peynir 216

Nane ve fesleğenli domates

İçindekiler

4 domates

2 yemek kaşığı. Zeytin yağı

2 yemek kaşığı. beyaz şarap sirkesi

Tatmak için tuz

zevkinize biber

nane yaprakları

2 arpacık, dilimlenmiş

Yöntem

Öncelikle taze domatesleri küp şeklinde doğrayın. Daha sonra salatalar için

karıştırma kabına alın. Biraz tuz, biraz karabiber ve dilimlenmiş yeşil soğan

ekleyin. Onları 6 dakika tutun. Şimdi biraz beyaz şarap sirkesi ve biraz sızma

zeytinyağı gezdirin. Şimdi bunun üzerine taze nane ekleyin. Bu basit ve lezzetli salata yemeği her öğüne eşlik etmeye hazırdır. Bu ekmek

kırıntılarıyla servis edilebilir. Nane yapraklarıyla süsleyip servis yapın.

Eğlence!

sebzeli yaban mersini

İçindekiler

6 ve doğranmış kuşkonmaz

1 demet bebek ıspanak

½ su bardağı kurutulmuş kızılcık

Bir damla zeytinyağı

2 yemek kaşığı. Tadına göre balzamik sirke

2 su bardağı salata sosu

Bir tutam tuz

Karabiber

Yöntem

Öncelikle taze kuşkonmazı kesip yumuşayana kadar haşlayın. Taze körpe

ıspanakları yıkayın. Şimdi küçük bir kaseye biraz yağ, biraz salata sosu ve

balzamik sirke ekleyin, üzerine biraz tuz ve karabiber serpin. Bunları çok iyi karıştırın. Şimdi kuşkonmazı ve bu karışımı bir salata kasesine ekleyip

karıştırın. Daha sonra kurutulmuş kızılcıkları ekleyin.

Eğlence!

Yaban mersini ve sırlı cevizli kinoa salatası

İçindekiler

2 su bardağı pişmiş kinoa

½ su bardağı kurutulmuş kızılcık

5-6 adet sırlı ceviz

4 yemek kaşığı zeytinyağı

4 domates, doğranmış

2 yemek kaşığı. maydanoz

2 yemek kaşığı. nane yaprakları

biraz tuz

tatmak için bir tutam karabiber

Yöntem

Pişen kinoayı derin bir kaseye koyun. Şimdi kurutulmuş kızılcıkları ve sırlı

cevizleri kaseye ekleyin. Şimdi taze doğranmış domatesleri, biraz taze maydanozu ve nane yapraklarını ekleyin ve üzerine biraz yağ gezdirin.

Bunları iyice karıştırın. Şimdi tuz ve karabiberle tatlandırın. Bu lezzetli yemek hazır.

Eğlence!

Somonlu makarna salatası

İçindekiler

2 parça pişmiş somon, küp şeklinde kesilmiş

1 su bardağı pişmiş makarna

2 sap kereviz

½ bardak mayonez

2 adet doğranmış domates

2-3 yeşil soğan, taze doğranmış

1 su bardağı ekşi krema

1 kırmızı elma, doğranmış

1/2 limondan limon suyu

Yöntem

Öncelikle derin bir kase alın ve doğranmış pişmiş somonu, pişmiş makarnayı, taze doğranmış kereviz ve domates, doğranmış elma ve yeşil soğanla karıştırın. Bunları iyice karıştırın. Şimdi ev yapımı mayonez, taze ekşi krema ekleyin ve üzerine yarım limondan taze limon suyu gezdirin. Şimdi bunları iyice karıştırın. Bitti.

Eğlence!

Ispanaklı ve marullu mantar salatası

İçindekiler

1 demet ıspanak

1 adet marul

4-5 mantar

2 soyulmuş domates

2 yemek kaşığı. tereyağı, isteğe bağlı

Tuz

siyah veya beyaz biber

Yöntem

Taze ıspanak ve marul yiyin. Kızartmak isteğe bağlıdır. Sadece 7-8 dakika sürer. Bu arada mantarları doğrayın ve bir kaseye koyun. Daha sonra domatesleri mantarlara ekleyin. Bunu yaklaşık 2-3 dakika mikrodalgaya koyun. Şimdi bunları kavrulmuş ıspanak ve marulla karıştırın. İyice karıştırın ve üzerine tuz ve karabiber veya beyaz biber serpin.

Eğlence!

Tavuklu Waldorf salatası

İçindekiler

½ su bardağı kıyılmış ceviz

½ bardak hardal ve bal

3 su bardağı pişmiş tavuk, doğranmış

½ bardak mayonez

1 su bardağı kırmızı üzüm, ikiye bölünmüş

1 su bardağı doğranmış kereviz

1 gala elması, doğranmış

Tuz

Biber

Yöntem

Sığ bir tava alın ve doğranmış cevizleri önceden ısıtılmış 350 derece fırında 7-8 dakika kızartın. Şimdi tüm malzemeleri karıştırın ve baharatı ayarlayın.

Eğlence!

Baharatlı roka ve patates salatası

İçindekiler

2 kilo patates, doğranmış ve haşlanmış

2 bardak roka

6 çay kaşığı sızma zeytinyağı

¼ çay kaşığı karabiber

3 adet kıyılmış arpacık soğanı

3/8 çay kaşığı tuz

½ çay kaşığı şeri sirkesi

1 çay kaşığı limon suyu

2 çay kaşığı hardal, öğütülmüş taş

1 çay kaşığı rendelenmiş limon kabuğu

Yöntem

1 çay kaşığı ısıtın. bir tavada yağı kızdırın ve arpacık soğanı altın kahverengi olana kadar kızartın. Arpacık soğanları bir kaseye aktarın ve patates hariç diğer tüm malzemeleri karıştırın. İyice karıştırın. Şimdi patatesleri sosla kaplayın ve iyice karıştırın.

Eğlence!

Avokado salatası ile tavuk sosu

İçindekiler

2 çay kaşığı zeytinyağı

4 ons tortilla cipsi

2 çay kaşığı limon suyu

1 avokado, doğranmış

3/8 çay kaşığı koşer tuzu

¾ bardak sos, soğutulmuş

1/8 çay kaşığı karabiber

2 su bardağı tavuk göğsü, pişmiş ve doğranmış

¼ bardak kıyılmış kişniş

Yöntem

Zeytinyağı, limon suyu, karabiber ve tuzu bir kapta karıştırın. Şimdi doğranmış kişnişi ve tavuğu ekleyin ve iyice karıştırın. Üzerine doğranmış avokado ve salsa ekleyin. En iyi sonuçları elde etmek için salatayı tortilla cipsleri üzerinde servis edin.

Eğlence!

Kremalı patates dereotu salatası

İçindekiler

Yarım kilo patates, doğranmış ve haşlanmış

¼ çay kaşığı karabiber

½ İngiliz salatalığı, doğranmış

¼ çay kaşığı koşer tuzu

2 çay kaşığı az yağlı ekşi krema

2 çay kaşığı kıyılmış dereotu

2 çay kaşığı yoğurt, yağsız

Yöntem

Patatesler yumuşayana kadar pişirilmelidir. Bir kase alıp dereotu, yoğurt, krema, salatalık küpleri ve karabiberi karıştırın. Malzemelerin iyice karıştırılması gerekiyor. Şimdi haşlanmış patates küplerini ekleyin ve iyice karıştırın.

Eğlence!

Peynirli ve roka yapraklı tavuk salatası

İçindekiler

3 dilim ekmek, küp şeklinde kesilmiş

½ bardak Parmesan peyniri, rendelenmiş

3 çay kaşığı tereyağı, tuzsuz ve eritilmiş

2 çay kaşığı kıyılmış maydanoz

Şeritler halinde kesilmiş 5 fesleğen yaprağı

¼ bardak zeytinyağı

2 su bardağı kavrulmuş ve doğranmış tavuk

5 ons roka yaprağı

3 çay kaşığı kırmızı şarap sirkesi

Zevkinize biber

Yöntem

Tereyağını ve 2 çay kaşığı ısıtın. zeytinyağını ve ekmek küplerini ekleyin.

Ekmek küplerini önceden ısıtılmış fırında 400 derecede altın rengi

kahverengi olana kadar pişirin. Geri kalan malzemeleri ekmek küpleriyle

birlikte ekleyip iyice karıştırın.

Eğlence!

Acı biberli patates salatası

İçindekiler

2 kilo sarı Fin patatesi (küp şeklinde kesilmiş)

¼ çay kaşığı beyaz biber

2 çay kaşığı tuz

¼ bardak krema

4 çay kaşığı limon suyu

2 dal dereotu

2 demet frenk soğanı

Yöntem

Patates küplerini yumuşayana kadar haşlayın ve süzün. 3 çay kaşığı karıştırın.

patateslere limon suyu dökün ve 30 dakika bekletin. Kremayı köpürene

kadar çırpın ve diğer malzemelerle karıştırın. Patatesleri karışımla kaplayın

ve iyice karıştırın.

Eğlence

Kuskuslu tavuk salatası

İçindekiler

1 bardak kuskus

7 ons tavuk göğsü, pişmiş

¼ bardak Kalamata zeytini, doğranmış

1 diş kıyılmış sarımsak

2 çay kaşığı kıyılmış maydanoz

¼ çay kaşığı karabiber

1 çay kaşığı ince kıyılmış kapari

1 çay kaşığı limon suyu

2 çay kaşığı zeytinyağı

Tatmak için tuz

Yöntem

Kuskusu paketin üzerindeki talimatlara göre tuzsuz ve yağsız pişirin. Pişen kuskusu soğuk su altında durulayın. Tavuk ve kuskus dışındaki malzemeleri karıştırmak için bir kase alın. Pişmiş kuskus ekleyin ve iyice karıştırın. Tavuğu ekleyin ve hemen servis yapın.

Eğlence!

Ayranlı kırmızı patates salatası

İçindekiler

3 kilo kırmızı patates, dörde bölünmüş

1 diş kıyılmış sarımsak

½ bardak ekşi krema

½ çay kaşığı karabiber

1 çay kaşığı koşer tuzu

1/3 bardak ayran

1 çay kaşığı kıyılmış dereotu

¼ bardak kıyılmış maydanoz

2 çay kaşığı kıyılmış frenk soğanı

Yöntem

Patates çeyrekleri Hollanda fırınında yumuşayana kadar pişirilir. Haşlanmış patatesleri 30-40 dakika soğutun. Ekşi kremayı diğer malzemelerle karıştırın. Sosu patateslerin üzerine yayın ve malzemeleri karıştırın.

Eğlence!

Tatlı kavunlu tavuk salatası

İçindekiler

¼ bardak pirinç sirkesi

2 çay kaşığı kıyılmış ve kavrulmuş ceviz

2 çay kaşığı soya sosu

¼ bardak kıyılmış kişniş

2 çay kaşığı fıstık ezmesi

2 su bardağı tavuk göğsü, pişmiş ve doğranmış

1 çay kaşığı bal

3 çay kaşığı yeşil soğan, dilimlenmiş

1 su bardağı doğranmış salatalık

¾ çay kaşığı susam yağı

3 bardak kavun, şeritler halinde kesilmiş

3 bardak kavun, şeritler halinde kesilmiş

Yöntem

Soya sosu, fıstık ezmesi, sirke, bal ve susam yağını karıştırın. Kavun, soğan, kavun ve salatalık ekleyin ve iyice karıştırın. Servis yaparken tavuk göğsünü karışım ve kişnişle kaplayın.

Eğlence!

Dijon hardallı yumurta ve patates salatası

İçindekiler

4 kilo patates

¾ çay kaşığı biber

½ bardak kereviz, doğranmış

½ su bardağı kıyılmış maydanoz

1 çay kaşığı Dijon hardalı

1/3 su bardağı doğranmış yeşil soğan

2 diş sarımsak, ince doğranmış

1 çay kaşığı Dijon hardalı

3 adet haşlanmış ve ufalanmış yumurta

½ bardak krema

1 bardak mayonez

Yöntem

Patatesleri yumuşayana kadar haşlayın. Patatesleri soyun ve küp şeklinde
kesin. Patatesleri, yeşil soğanları, kerevizi ve maydanozu bir kapta karıştırın.
Mayonez ve diğer malzemeleri bir kapta karıştırın. Bu karışımı patateslerin
üzerine dökün ve iyice karıştırın.

Eğlence!

Bal ve cevizli tavuk salatası

İçindekiler

4 su bardağı pişmiş ve doğranmış tavuk

¼ çay kaşığı biber

3 sap kereviz, doğranmış

¼ çay kaşığı tuz

1 su bardağı kurutulmuş kızılcık

1/3 bardak bal

½ su bardağı ceviz, doğranmış ve kızartılmış

2 su bardağı mayonez

Yöntem

Öğütülmüş tavuğu kereviz, kurutulmuş kızılcık ve cevizle karıştırın. Başka bir kapta mayonezi pürüzsüz hale gelinceye kadar çırpın. Mayoneze bal, karabiber ve tuzu ekleyip iyice karıştırın. Mayonez karışımını tavuk karışımının üzerine dökün ve iyice karıştırarak malzemelerin iyice karışmasını sağlayın.

Eğlence!

Üzüm ve mayonezli tavuk salatası

İçindekiler

6 su bardağı doğranmış ve pişmiş tavuk

½ su bardağı ceviz

2 çay kaşığı Dijon hardalı

2 su bardağı dilimlenmiş kırmızı üzüm

½ bardak ekşi krema

2 çay kaşığı haşhaş tohumu

½ bardak mayonez

2 su bardağı doğranmış kereviz

1 çay kaşığı limon suyu

Yöntem

Bir kase alın ve tavuğu mayonez, limon suyu, ekşi krema, üzüm, haşhaş tohumu, Dijon hardalı ve kerevizle karıştırın. Tuz ve karabiber ekleyin.

Kasenin kapağını kapatın ve soğuyuncaya kadar buzdolabında bekletin.

Cevizleri ekleyip hemen servis yapın.

Eğlence!

Kremalı patates ve bitki salatası

İçindekiler

¾ bardak ekşi krema

1 su bardağı yeşil bezelye

¼ bardak yoğurt

6 su bardağı kırmızı patates, dörde bölünmüş

1 çay kaşığı ince kıyılmış kekik

½ çay kaşığı tuz

1 çay kaşığı kıyılmış dereotu

Yöntem

Krema, yoğurt, dereotu, kekik ve tuzu bir kasede karıştırıp ayrı olarak

saklayın. Patatesleri ve bezelyeleri bol suda yumuşayana kadar haşlayın.

Fazla suyu boşaltın. Hazırlanan karışıma patatesleri ve bezelyeleri karıştırın.

Malzemelerin iyice karışması için iyice karıştırın.

Eğlence!

Kuru üzümlü baharatlı tavuk salatası

İçindekiler

¼ bardak mayonez

3 çay kaşığı kuru üzüm

1 çay kaşığı köri tozu

1/3 bardak kereviz, doğranmış

1 su bardağı limonlu tavuk, ızgara

1 doğranmış elma

1/8 çay kaşığı tuz

2 çay kaşığı su

Yöntem

Köri tozu, mayonez ve suyu bir kasede karıştırın. Limonlu tavuğu, doğranmış elmaları, kuru üzümleri, kerevizi ve tuzu ekleyin. Malzemeleri bir spatula ile iyice karıştırın. Salatayı örtün ve soğuyuncaya kadar buzdolabında saklayın.

Eğlence!

naneli patates salatası

İçindekiler

7 kırmızı patates

1 su bardağı bezelye, dondurulmuş ve çözülmüş

2 çay kaşığı beyaz şarap sirkesi

½ çay kaşığı karabiber

2 çay kaşığı zeytinyağı

¾ çay kaşığı tuz

2 çay kaşığı ince kıyılmış arpacık soğanı

¼ bardak kıyılmış nane yaprağı

Yöntem

Patatesleri derin bir tencerede suda yumuşayıncaya kadar haşlayın.

Patatesleri soğutup küp şeklinde doğrayın. Sirke, arpacık soğanı, nane,

zeytinyağı, tuz ve karabiberi karıştırın. Patates küplerini, bezelyeyi ve

hazırlanan karışımı ekleyin. İyice karıştırıp servis yapın.

Eğlence!

Karışık sebzeli körili tavuk salatası

İçindekiler

Tavuk köri, dondurulmuş ve çözülmüş

10 ons ıspanak yaprağı

1 ½ su bardağı doğranmış kereviz

¾ bardak mayonez

1 ½ bardak yeşil üzüm, yarıya bölünmüş

½ su bardağı doğranmış kırmızı soğan

Yöntem

Dondurulmuş tavuk körisini bir kaseye yerleştirin. Tavuk körisine kırmızı soğan, yeşil üzüm, körpe ıspanak yaprakları ve kereviz ekleyin. İyice karıştırın. Şimdi mayonezi ekleyin ve tekrar iyice karıştırın. Tadına göre tuz ve karabiber ekleyin.

Eğlence!

Cevizli tavuk salatası

İçindekiler

1 su bardağı bulgur

2 taze soğan, dilimlenmiş

2 su bardağı tavuk suyu

3 su bardağı pişmiş ve doğranmış tavuk

1 elma, küp şeklinde kesilmiş

3 çay kaşığı çekilmiş ceviz

¼ bardak zeytinyağı

2 çay kaşığı elma sirkesi

1 çay kaşığı Dijon hardalı

1 çay kaşığı esmer şeker

Tuz

Yöntem

Bulguru et suyuyla birlikte kaynatın ve kısık ateşte pişirin. 15 dakika soğumaya bırakın. Cevizleri tavada kavurun ve soğuması için bir kaseye koyun. Tüm malzemeleri bir kapta iyice karıştırın. Tuzunu ayarlayıp servis yapın.

Eğlence!

hardallı tavuk salatası

İçindekiler

1 haşlanmış yumurta

¼ çay kaşığı karabiber

¾ kilo patates

¼ çay kaşığı koşer tuzu

2 çay kaşığı az yağlı mayonez

3 çay kaşığı doğranmış kırmızı soğan

1 çay kaşığı yoğurt

1/3 bardak doğranmış kereviz

1 çay kaşığı hardal

Yöntem

Patatesleri küp şeklinde doğrayın ve yumuşayıncaya kadar pişirin. Haşlanmış yumurtayı parçalara ayırın. Yumurta ve patates dışındaki tüm malzemeleri karıştırın. Karışımı doğranmış yumurta ve patates küplerine ekleyin. Malzemelerin iyice karışması için iyice karıştırın. Tadına göre tuz ve karabiber ekleyin.

Eğlence!

Baharatlı zencefilli patates salatası

İçindekiler

2 kilo kırmızı patates, küp şeklinde doğranmış

2 çay kaşığı kıyılmış kişniş

2 çay kaşığı pirinç sirkesi

1/3 bardak yeşil soğan, dilimlenmiş

1 çay kaşığı susam yağı

1 jalapeno biberi, ince doğranmış

4 çay kaşığı limon otu, kıyılmış

¾ çay kaşığı tuz

2 çay kaşığı rendelenmiş zencefil

Yöntem

Patatesleri yumuşayana kadar haşlayın. Fazla suyu boşaltın. Diğer malzemeleri güzelce karıştırın. Haşlanmış patatesleri karışımla kaplayın. Bir spatula kullanarak malzemeleri karıştırın.

Eğlence!

Kereviz ve patates salatası

İçindekiler

2 kilo kırmızı patates, küp şeklinde doğranmış

2 ons dolmalık biber, doğranmış

½ bardak kanola mayonezi

1/8 çay kaşığı sarımsak tozu

¼ bardak doğranmış yeşil soğan

¼ çay kaşığı karabiber

¼ bardak yoğurt

½ çay kaşığı kereviz tohumu

¼ bardak ekşi krema

½ çay kaşığı tuz

1 çay kaşığı şeker

1 çay kaşığı beyaz şarap sirkesi

2 çay kaşığı hazır hardal

Yöntem

Patates küplerini yumuşayana kadar haşlayın, ardından fazla suyunu süzün.

Haşlanmış patatesleri yaklaşık 30 dakika soğutun. Diğer malzemeleri bir

kapta karıştırın. Patates küplerini ekleyin ve iyice karıştırın.

Eğlence!

Patates salatası ile limonlu tavuk

İçindekiler

1 kilo patates

1 diş kıyılmış sarımsak

2 bardak bezelye

½ çay kaşığı karabiber

2 su bardağı kıyılmış tavuk göğsü

1 çay kaşığı tuz

½ su bardağı doğranmış kırmızı dolmalık biber

1 çay kaşığı tuz

½ su bardağı doğranmış soğan

 1 çay kaşığı tarhun, kıyılmış

 1 çay kaşığı limon suyu

 2 çay kaşığı zeytinyağı

1 çay kaşığı Dijon hardalı

Yöntem

Patatesleri, bezelyeleri ve tavuk göğsünü ayrı ayrı yumuşayana kadar haşlayın. Diğer malzemeleri bir kapta karıştırın. Şimdi karıştırma kabına patates küplerini, bezelyeyi ve tavuk göğsünü ekleyin. Bir spatula kullanın ve malzemeleri iyice karıştırın. Derhal servis yapın.

Eğlence!

Keçi peynirli patates salatası

İçindekiler

2 buçuk kilo patates

1 diş kıyılmış sarımsak

¼ bardak sek beyaz şarap

1 çay kaşığı Dijon hardalı

½ çay kaşığı tuz

2 çay kaşığı zeytinyağı

½ çay kaşığı karabiber

2 çay kaşığı tarhun, kıyılmış

1/3 su bardağı doğranmış soğan

¼ bardak kırmızı şarap sirkesi

½ su bardağı kıyılmış maydanoz

3 ons keçi peyniri

¼ bardak ekşi krema

Yöntem

Patatesleri suda yumuşayıncaya kadar haşlayın. Patatesleri, şarap sirkesini, biberi ve tuzu bir kapta karıştırın. 15 dakika bekletin. Şimdi geri kalan malzemeleri patates karışımına ekleyin ve iyice karıştırın. Derhal servis yapın.

Eğlence!

Pico de Gallo - otantik Meksika sosu

İçindekiler:

3 adet büyük doğranmış domates, kızartılmış

1 orta boy kırmızı soğan ince doğranmış

¼ demet kişniş, isteğe göre daha fazla veya daha az kullanın

isteğe bağlı malzemeler

½ salatalık, soyulmuş ve doğranmış

½ limondan limon suyu

½ çay kaşığı kıyılmış sarımsak

Tatmak için tuz

2 jalapeno veya daha baharatlı seviyorsanız daha fazla

1 küp soyulmuş avokado

Yöntem

Tüm malzemeleri geniş bir karıştırma kabında birleştirin ve iyice karıştırın.

Derhal servis yapın.

Eğlence!

Zeytinyağı ve limonlu salata sosu

İçindekiler:

8 diş kıyılmış sarımsak

½ çay kaşığı karabiber

1 su bardağı taze sıkılmış limon suyu

2 çay kaşığı tuz

½ su bardağı sızma zeytinyağı

Yöntem

Tüm malzemeleri blendera koyun ve tüm malzemeler birleşene kadar karıştırın. Bu pansumanın hava geçirmez bir kapta saklanması ve en kısa sürede kullanılması gerekir, aksi takdirde içindeki limon suyu pansumanı ekşitecektir.

Eğlence!

Fasulye, mısır ve avokado salatası

İçindekiler:

1 kutu siyah fasulye, süzülmüş

1 kutu sarı tatlı mısır, konserve, süzülmüş

2 yemek kaşığı. yeşil-limon suyu

1 çay kaşığı zeytinyağı

4 yemek kaşığı kişniş

5 su bardağı doğranmış çiğ soğan

1 avokado

1 adet olgun kırmızı domates

Yöntem

Tüm malzemeleri geniş bir karıştırma kabına koyun ve yavaşça karıştırın.

Hemen veya soğuk olarak servis yapın.

Eğlence!

Güneybatı makarna salatası

İçindekiler:

1-8 ons küçük tam buğdaylı makarna

15 ons mısır

15 ons siyah fasulye

1 bardak sos, herhangi bir çeşit

1 su bardağı rendelenmiş kaşar peyniri

1 su bardağı doğranmış yeşil biber, dolmalık biber

Yöntem

Hamuru paketin üzerindeki talimatlara göre hazırlayın. Süzün, durulayın ve geniş bir kaseye koyun. Konserve mısır ve siyah fasulyeden elde edilen sıvılar yakalanıp süzülür. Tüm malzemeleri geniş bir kapta pişmiş makarnayla karıştırın. Gerekirse az miktarda ayrılmış konserve sıvısı ekleyin. Derhal servis yapın.

Eğlence!

Kavrulmuş pancar salatası

İçindekiler:

6 havuç, 1/2 kilo

3 yemek kaşığı zeytinyağı

Taze çekilmiş karabiber

1 ½ yemek kaşığı. Tarhun veya şeri sirkesi

1 çorba kaşığı. kekik yaprakları

4 su bardağı karışık salata yaprağı

½ su bardağı ufalanmış beyaz peynir

1 çorba kaşığı. nane

Yöntem

Öncelikle fırını 375 dereceye ısıtın. Pancarları sığ, kapalı bir pişirme kabına yerleştirin. Plakayı 1/2 inç yükseltmek için yeterli su ekleyin. Pancarların üzerini örtün ve bir saat kadar veya pancarlar bir soyma bıçağıyla kolaylıkla delinebilecek hale gelene kadar pişirin. Pancarları fırından çıkarın. Orta boy bir kapta sirkeyi ve doğranmış otları birleştirin. Pişmiş pancarları 1/2 inçlik küpler halinde kesin ve pansumanı üzerlerine dökün. Beyaz peynir serpip hemen servis yapın.

Eğlence!

Çıtır Lahana Ramen Erişte Salatası

İçindekiler:

3 yemek kaşığı zeytinyağı

3 yemek kaşığı sirke

2 yemek kaşığı. Şeker veya şeker yerine

½ paket ramen şehriye baharatı

¼ çay kaşığı biber

1 çorba kaşığı. Düşük sodyum soya sosu

Salata için malzemeler:

1 küçük baş kırmızı veya yeşil lahana

2 adet ince kıyılmış yeşil soğan, kıyılmış

1 soyulmuş ve rendelenmiş havuç

1 paket rendelenmiş ramen noodle

Yöntem

Malzemeleri geniş bir salata kasesinde karıştırarak sosunu hazırlayın. Şekeri çözmek için karıştırın. Salatanın ilk üç malzemesini bir kaseye ekleyin ve iyice karıştırın. Rendelenmiş ramenleri ekleyin ve iyice karıştırın. Sosu üzerine dökün ve hemen servis yapın.

Eğlence!

Ispanaklı ve domatesli makarna salatası

İçindekiler:

8 oz. Küçük makarna veya orzo

8 oz. ufalanmış beyaz peynir

16 oz. üzüm domates

4 su bardağı bebek ıspanak

2 yemek kaşığı. Drenajlı kapari

¼ çay kaşığı karabiber

2 yemek kaşığı. Rendelenmiş parmesan peyniri

Yöntem

Makarnayı paketin üzerinde anlatıldığı gibi al dente kıvamına gelinceye kadar pişirin. Makarna piştikten sonra; Hızlı bir şekilde beyazlatmak için domateslerin üzerine gezdirin. Makarna pişerken ıspanak, beyaz peynir ve kaparileri geniş bir kaseye koyun. Domatesleri ve makarnayı ıspanaklı karışımla karıştırın. Makarnayı süzmeden önce pişen makarnayı orantılı olarak ekleyerek bir araya getirin. Son olarak karabiber serpin ve rendelenmiş peynirle süsleyin. Derhal servis yapın.

Eğlence!

Waldorf Salatası

İçindekiler:

4 orta boy elma, doğranmış

1/3 su bardağı kıyılmış ceviz

1/3 su bardağı kuru üzüm

½ fincan sade, az yağlı Yunan veya normal yoğurt

3 sap ince kıyılmış kereviz

Yöntem

Tüm malzemeleri geniş bir kaseye koyun ve tüm malzemeler birleşene kadar iyice karıştırın. Bir gece buzdolabında bekletip soğuk servis yapın.

Eğlence!

İstuaeli salatası

İçindekiler:

1 yeşil veya sarı dolmalık biber, doğranmış

1 soyulmuş salatalık, doğranmış

2 yemek kaşığı. Limon suyu

1 çay kaşığı tuz

1 çay kaşığı taze çekilmiş biber

3 domates, doğranmış

3 yemek kaşığı sızma zeytinyağı

Yöntem

Tüm malzemeleri geniş bir kaseye koyun ve tüm malzemeler birleşene kadar iyice karıştırın. Hemen servis yapın, çünkü bu salata ne kadar uzun süre beklerse o kadar akıcı olur.

Eğlence!

Lahanalı makarna salatası

İçindekiler:

3 yemek kaşığı zeytinyağı 3 yemek kaşığı. Sirke 2 yemek kaşığı. ½ paket şekerli ramen eriştesi

¼ çay kaşığı biber

1 çorba kaşığı. Düşük sodyum soya sosu

1 baş kırmızı veya yeşil lahana

2 yeşil soğan ince doğranmış

1 soyulmuş havuç, rendelenmiş

1 paket rendelenmiş ramen noodle

Yöntem

Tüm malzemeleri geniş bir kapta karıştırın. Şekerin erimesi için sürekli

karıştırın. Daha sonra bu salatanın öne çıkan ilk üç malzemesini birleştirin ve

iyice karıştırın. İnce doğranmış ramen eriştelerini ekleyin. Daha sonra geri

kalan malzemeleri ekleyin ve birkaç kez karıştırın. Hemen servis yapın veya

tatların birbirine karışmasını sağlamak için üzerini örtün ve soğutun.

Eğlence!

Meksika siyah fasulye salatası

İçindekiler

1 ½ kutu pişmiş siyah fasulye

2 adet doğranmış olgun erik domates

3 taze soğan, dilimlenmiş

1 çorba kaşığı. taze limon suyu

2 yemek kaşığı. taze kesilmiş kişniş

Tatmak için tuz ve taze çekilmiş karabiber.

1/3 su bardağı mısır

2 yemek kaşığı. Zeytin yağı

Yöntem

Tüm malzemeleri orta boy bir kapta birleştirin ve yavaşça karıştırın. Salatayı

servis edene kadar buzdolabında dinlendirin. Soğuk servis yapın.

Eğlence!

siyah fasulye ve soslu mısır

İçindekiler:

1 kutu siyah fasulye

3 yemek kaşığı taze doğranmış kişniş

1 kutu sarı ve beyaz mısır

¼ bardak doğranmış soğan

1 kutu Rootle

Limon suyu veya limonu sıkın

Yöntem

Siyah fasulye, kök ve konserve mısırdaki sıvıyı boşaltın ve büyük bir kapta

karıştırın. Kişniş ve soğanı ekleyip iyice karıştırın. Servis yapmadan hemen

önce biraz limon suyu sıkın.

Eğlence!

Hindi Taco Salatası

İçindekiler:

2 oz. hindi kıyması

2/4 su bardağı kaşar peyniri

1 ½ su bardağı kıyılmış marul

1/8 bardak doğranmış soğan

½ oz. tortilla cips

2 yemek kaşığı. DIP

¼ bardak fasulye

Yöntem

Tortilla cipsleri dışındaki tüm malzemeleri geniş bir kaseye koyun ve iyice karıştırın. Servis yapmadan hemen önce kırılmış tortillaları salatanın üzerine koyun ve hemen servis yapın.

Eğlence!

gökkuşağı meyve salatası

İçindekiler

Meyve salatası:

1 büyük soyulmuş mango, doğranmış

2 bardak yaban mersini

2 dilimlenmiş muz

2 bardak çilek

2 su bardağı çekirdeksiz üzüm

2 yemek kaşığı. Limon suyu

1 ½ yemek kaşığı. Bal

2 su bardağı çekirdeksiz üzüm

2 nektarin, soyulmamış, dilimlenmiş

1 kivi, soyulmuş ve dilimlenmiş

Bal ve portakal sosu:

1/3 su bardağı şekersiz portakal suyu

¼ çay kaşığı öğütülmüş zencefil

Bir tutam hindistan cevizi

Yöntem

Tüm malzemeleri geniş bir kaseye koyun ve tüm malzemeler birleşene kadar iyice karıştırın. Bir gece buzdolabında bekletip soğuk servis yapın.

Eğlence!

Güneş ışığı meyve salatası

İçindekiler:

3 kivi, doğranmış

Suyunda 320 ons ananas parçaları

215 oz Mandalina, süzülmüş, hafif şurupta korunmuş

2 muz

Yöntem

Tüm malzemeleri geniş bir karıştırma kabında birleştirin ve en az 2 saat buzdolabında bekletin. Bu salatayı soğuk olarak servis edin.

Eğlence!

Narenciye ve siyah fasulye salatası

İçindekiler:

1 greyfurt, soyulmuş ve dilimlenmiş

2 portakal, soyulmuş ve dilimlenmiş

116 oz. konserve siyah fasulye süzülmüş

½ su bardağı doğranmış kırmızı soğan

½ dilimlenmiş avokado

2 yemek kaşığı. Limon suyu

tatmak için karabiber

Yöntem

Tüm malzemeleri geniş bir karıştırma kabında birleştirin ve oda sıcaklığında servis yapın.

Eğlence!

Baharatlı salatalık ve soğan salatası

İçindekiler

2 salatalık, ince dilimlenmiş

½ çay kaşığı Tuz

¼ çay kaşığı karabiber

2 yemek kaşığı. Kristal şeker

1/3 su bardağı elma sirkesi

1 kırmızı soğan, ince dilimlenmiş

1/3 su bardağı su

Yöntem

Salatalıkları ve soğanları dönüşümlü olarak bir tabağa dizin. Diğer

malzemeleri blenderda birleştirin ve pürüzsüz hale gelinceye kadar karıştırın.

Pansumanı birkaç saat soğutun. Servis yapmadan hemen önce sosu salatalık

ve soğanların üzerine dökün ve hemen servis yapın.

Eğlence!

Yaban mersini ve pancar ile bahçe salatası

İçindekiler:

1 baş marul

1 avuç yaban mersini

1 ons. ufalanmış keçi peyniri

2 adet kavrulmuş pancar

5-6 adet kiraz domates

¼ bardak konserve ton balığı

Tatmak için tuz

zevkinize biber

Yöntem

Tüm malzemeleri yağlanmış bir tavaya koyun ve üzerini alüminyum folyo ile örtün. Önceden ısıtılmış 250 derecelik fırında yaklaşık bir saat kadar pişirin. Biraz soğumaya bırakın ve tadına göre baharatlayın. Sıcak servis yapın.

Eğlence!

Karnabahar salatası veya taklit patates

İçindekiler

1 baş karnabahar, pişmiş ve çiçeklere bölünmüş

¼ bardak yağsız süt

6 çay kaşığı Splenda

¾ yemek kaşığı. limon sirkesi

5 yemek kaşığı hafif mayonez

2 çay kaşığı sarı hardal

Yöntem

Karnabahar dışındaki tüm malzemeleri karıştırın ve pürüzsüz hale gelinceye kadar çırpın. Servis yapmadan hemen önce hazırladığınız sosu pişmiş karnabaharın üzerine döküp sıcak olarak servis yapın.

Eğlence!

Salatalık dereotu salatası

İçindekiler:

1 bardak yağsız sade veya yağsız Yunan yoğurdu

Tatmak için biber ve tuz

6 bardak salatalık, ince dilimlenmiş

½ bardak soğan, ince dilimlenmiş

¼ bardak limon suyu

2 diş kıyılmış sarımsak

1/8 bardak dereotu

Yöntem

Yoğurttaki fazla suyu boşaltın ve yaklaşık 30 dakika soğumaya bırakın. Yoğurdu diğer malzemelerle karıştırıp iyice karıştırın. Bir saat kadar daha buzdolabında bekletip soğuk olarak servis yapın.

Eğlence!

sahte patates salatası

İçindekiler

16 yemek kaşığı yağsız mayonez

5 su bardağı pişmiş karnabahar, çiçeklere ayrılmış

¼ bardak sarı hardal

¼ bardak doğranmış kereviz

½ bardak dilimlenmiş salatalık

1 çorba kaşığı. sarı hardal tohumu

¼ bardak doğranmış turşu

½ çay kaşığı sarımsak tozu

Yöntem

Tüm malzemeleri geniş bir kaseye koyun ve tüm malzemeler birleşene kadar iyice karıştırın. Bir gece buzdolabında bekletip soğuk servis yapın. Patatesleri karnabaharla bile değiştirebilirsiniz, yemeğin tadı da aynı derecede lezzetlidir.

Eğlence!

Bonnie'nin Patates Salatalık Salatası

İçindekiler

2-3 bardak yeni patates

1 çorba kaşığı. dereotu kovası

1 çorba kaşığı. Dijon hardalı

¼ bardak keten tohumu yağı

4 adet ince doğranmış taze soğan

2 çay kaşığı kıyılmış dereotu

¼ çay kaşığı biber

3 4 bardak salatalık

¼ çay kaşığı Tuz

Yöntem

Tüm malzemeleri geniş bir kapta birleştirin ve servis yapmadan hemen önce tüm malzemeler birleşene kadar iyice karıştırın. Derhal servis yapın.

Eğlence!

Kırmızı meyveli ıspanak salatası

İçindekiler

½ su bardağı dilimlenmiş çilek

¼ bardak ahududu

¼ fincan Newman'ın Kendi Hafif Ahududu Fındık Sosu

¼ bardak yaban mersini

¼ bardak kıyılmış badem

4 bardak ıspanak

¼ bardak doğranmış kırmızı soğan

Yöntem

Tüm malzemeleri geniş bir kaseye koyun ve tüm malzemeler birleşene kadar iyice karıştırın. Bir gece buzdolabında bekletip soğuk servis yapın.

Eğlence!

Borulu salata

İçindekiler

1 su bardağı bulgur

1 ince doğranmış soğan

4 taze soğan, doğranmış

Tatmak için biber ve tuz

2 su bardağı kıyılmış maydanoz yaprağı

¼ bardak limon suyu

2 bardak kaynar su

2 orta boy domates, doğranmış

¼ bardak zeytinyağı

1 su bardağı kıyılmış nane

Yöntem

Orta boy bir tencerede suyu kaynatın. Ateşten alın, korneti dökün, sıkı bir kapakla örtün ve 30 dakika bekletin. Fazla suyu boşaltın. Diğer malzemeleri ekleyip iyice karıştırın. Derhal servis yapın.

Eğlence!

Fesleğen soslu ve mayonezli salata

İçindekiler

1/2 pound pastırma

½ bardak mayonez

2 yemek kaşığı. kırmızı şarap sirkesi

¼ bardak ince kıyılmış fesleğen

1 çay kaşığı öğütülmüş karabiber

1 çorba kaşığı. Kolza yağı

1 kiloluk marul - durulayın, kurulayın ve küçük parçalar halinde kesin

¼ pint kiraz domates

Yöntem

Pastırmayı geniş, derin bir tavaya yerleştirin. Orta ateşte eşit şekilde kızarana kadar pişirin. Küçük bir kaseye ayrılmış pastırma, mayonez, fesleğen ve sirkeyi ekleyip karıştırın. Örtün ve oda sıcaklığında saklayın. Marul, pastırma, kruton ve domatesleri geniş bir kaseye atın. Sosu salatanın üzerine dökün. Katılmak.

Eğlence!

Bıçak ve çatalla ızgara Sezar salatası

İçindekiler

1 uzun ince baget

¼ fincan zeytinyağı, bölünmüş

2 diş sarımsak, ikiye bölünmüş

1 küçük domates

1 marul, dış yaprakları çıkarılmış

Tatmak için tuz ve iri öğütülmüş karabiber

1 bardak Sezar salatası sosu veya tadı

½ su bardağı parmesan peynirini rendeleyin

Yöntem

Izgarayı önceden kısık ateşte ısıtın ve hafifçe yağlayın. Bageti yaklaşık 1/2 inç kalınlığında 4 uzun dilim yapacak şekilde kesin. Kesilen her tarafı zeytinyağının yaklaşık yarısıyla ince bir şekilde fırçalayın. Baget dilimlerini önceden ısıtılmış ızgarada, her tarafı 2-3 dakika, hafif çıtır olana kadar kızartın. Baget dilimlerinin her iki tarafını sarımsağın kesik tarafıyla ve domatesin kesik tarafıyla ovalayın. Marulun 2 kesilmiş tarafını kalan zeytinyağıyla fırçalayın. Her birine Sezar sosunu gezdirin.

Eğlence!

Roma çilek salatası I

İçindekiler:

1 baş marul, durulanmış, kurulanmış ve doğranmış

2 demet ıspanak yıkanıp kurutulmuş ve doğranmış

2 pint çilek, dilimlenmiş

1 bermuda soğanı

½ bardak mayonez

2 yemek kaşığı. beyaz şarap sirkesi

1/3 su bardağı beyaz şeker

¼ bardak süt

2 yemek kaşığı. Haşhaş

Yöntem

Büyük bir salata kasesinde marul, ıspanak, çilek ve dilimlenmiş soğanı birleştirin. Sıkıca kapatılmış bir kavanozda mayonez, sirke, şeker, süt ve haşhaş tohumlarını karıştırın. İyice çalkalayıp salatanın üzerine dökün. Eşit şekilde kaplanana kadar karıştırın. Derhal servis yapın.

Eğlence!

Yunan salatası

İçindekiler:

1 adet kurutulmuş marul

6 ons çekirdeksiz siyah zeytin

1 yeşil dolmalık biber, doğranmış

1 kırmızı soğan ince dilimlenmiş

6 yemek kaşığı zeytinyağı

1 kırmızı dolmalık biber, doğranmış

2 büyük domates, doğranmış

1 dilimlenmiş salatalık

1 su bardağı ufalanmış beyaz peynir

1 çay kaşığı kurutulmuş kekik

1 limon

Yöntem

Büyük bir salata kasesinde marul, soğan, zeytin, dolmalık biber, salatalık, domates ve peyniri birleştirin. Zeytinyağı, limon suyu, kekik ve karabiberi karıştırın. Sosu salatanın üzerine dökün, karıştırın ve servis yapın.

Eğlence!

Çilekli beyaz salata

İçindekiler

1 su bardağı kıyılmış badem

2 diş kıyılmış sarımsak

1 çay kaşığı bal 1 su bardağı bitkisel yağ

1 baş marul,

1 çay kaşığı Dijon hardalı

¼ bardak ahududu sirkesi

2 yemek kaşığı. Balzamik sirke

2 yemek kaşığı. esmer şeker

1 pint çilek, dilimlenmiş

1 su bardağı ufalanmış beyaz peynir

Yöntem

Yağı bir tavada orta-yüksek ateşte ısıtın, bademleri sık sık karıştırarak hafifçe

kızarıncaya kadar pişirin. Ateşten alın. Balzamik sirkeyi, esmer şekeri ve

bitkisel yağı bir kapta karıştırarak sosu hazırlayın. Büyük bir kapta bademleri,

beyaz peyniri ve marulu bir araya getirin. Servis yapmadan hemen önce

salatayı sosla gezdirin.

Eğlence!

et salatası

İçindekiler

1 kilo dana bonfile

1/3 su bardağı zeytinyağı

3 yemek kaşığı kırmızı şarap sirkesi

2 yemek kaşığı. Limon suyu

1 diş kıyılmış sarımsak

½ çay kaşığı Tuz

1/8 çay kaşığı karabiber

1 çay kaşığı Worcestershire sosu

1 dilimlenmiş havuç

½ su bardağı doğranmış kırmızı soğan

¼ bardak dilimlenmiş dolmalık yeşil biberli zeytin

Yöntem

Izgarayı yüksek ateşte önceden ısıtın. Biftekleri ızgaraya yerleştirin ve her iki tarafını da 5'er dakika pişirin. Ateşten alıp soğumaya bırakın. Küçük bir kapta zeytinyağı, sirke, limon suyu, sarımsak, tuz, karabiber ve Worcestershire sosunu birlikte çırpın. Peyniri ekleyin. Bundan sonra pansumanı örtün ve soğutun. Servis yapmadan hemen önce sosu bifteğin üzerine dökün. Izgara çıtır Fransız ekmeği ile servis edilir.

Eğlence!

Mandalina ve badem salatası

İçindekiler:

1 adet marul

11 ons mandalina portakal, süzülmüş

6 yeşil soğan, ince dilimlenmiş

½ su bardağı zeytinyağı 1 yemek kaşığı. Beyaz şeker

1 çay kaşığı ezilmiş kırmızı biber gevreği

2 yemek kaşığı. Beyaz şeker

½ su bardağı dilimlenmiş badem

¼ bardak kırmızı şarap sirkesi

tatmak için öğütülmüş karabiber

Yöntem

Büyük bir kapta marul, portakal ve frenk soğanını birleştirin. Bir tencereye şekeri ekleyin ve şeker erimeye başlayıncaya kadar karıştırın. Sürekli karıştırın. Bademleri ekleyin ve kaplanana kadar karıştırın. Bademleri bir tabağa koyun ve soğumaya bırakın. Zeytinyağı, kırmızı şarap sirkesi ve bir çorba kaşığı karıştırın. şeker, kırmızı biber gevreği ve karabiber, kapağı sıkıca kapatılmış bir kavanoza konur. Servis yapmadan önce salata sosunu salatanın üzerine kaplanıncaya kadar dökün. Bir kaseye alıp üzerine badem şekeri serperek servis yapın. Derhal servis yapın.

Eğlence!

Ananas soslu tropikal salata

İçindekiler

6 dilim pastırma

¼ bardak ananas suyu

3 yemek kaşığı kırmızı şarap sirkesi

¼ bardak zeytinyağı

tatmak için taze çekilmiş karabiber

Tatmak için tuz

10 oz. paket rendelenmiş marul

1 su bardağı doğranmış ananas

½ bardak kıyılmış ve kızartılmış macadamia fıstığı

3 yeşil soğan, doğranmış

¼ bardak kızarmış kıyılmış hindistan cevizi

Yöntem

Pastırmayı geniş, derin bir tavaya yerleştirin. Orta-yüksek ateşte, eşit şekilde

kızarana kadar yaklaşık 10 dakika pişirin. Pastırmayı boşaltın ve ufalayın.

Ananas suyunu, kırmızı şarap sirkesini, yağı, biberi ve tuzu kapaklı bir

kavanozda karıştırın. İyice karıştırmak için örtün. Diğer malzemeleri karıştırıp

sosu ekleyin. Kızarmış hindistan cevizi pullarıyla süsleyin. Derhal servis yapın.

Eğlence!

Kaliforniya salata kasesi

İçindekiler:

1 avokado, soyulmuş ve çekirdeği çıkarılmış

1 çorba kaşığı. Limon suyu

½ bardak mayonez

¼ çay kaşığı acı sos

¼ bardak zeytinyağı

1 diş kıyılmış sarımsak

½ çay kaşığı Tuz

1 baş marul

3 ons kaşar peyniri, rendelenmiş

2 adet doğranmış domates

2 yeşil soğan ince doğranmış

¼ çekirdeği çıkarılmış yeşil zeytin

1 su bardağı iri dövülmüş mısır cipsi

Yöntem

Tüm limon suyunu, avokado malzemelerini, mayonezi, zeytinyağını, acı biber sosunu, sarımsağı ve tuzu bir karıştırıcıda birleştirin. Pürüzsüz olana kadar işleme devam edin. Geniş bir kapta kaşar peyniri, marul, domates ve avokadoyu birleştirin ve servis yapmadan hemen önce sosu dökün.

Eğlence!

Klasik kızarmış salata

İçindekiler:

1 su bardağı beyazlatılmış dilimlenmiş badem

2 yemek kaşığı. susam

1 marul, doğranmış

1 kırmızı marul, doğranmış

8 oz paket ufalanmış beyaz peynir

4 ons dilimlenmiş siyah zeytin

1 su bardağı kiraz domates, ikiye bölünmüş

1 adet kırmızı soğan ikiye kesilmiş ve ince dilimlenmiş

6 mantar, dilimlenmiş

¼ bardak rendelenmiş Romano peyniri

8 oz kavanoz İtalyan salata sosu

Yöntem

Büyük bir tavayı orta-yüksek ateşte ısıtın. Bademleri tavaya koyup pişirin.

Bademlerin kokusu çıkmaya başlayınca susamları da sık sık karıştırarak

ekleyin. 1 dakika daha veya tohumlar kızarana kadar pişirin. Geniş bir salata

kasesine iyice karıştırılmış zeytin, beyaz peynir, mantar, badem, domates,

susam, soğan ve Romano peyniri içeren salatayı atın. Servis yaparken İtalyan

sosunu ekleyin ve fırlatın.

Eğlence!

İçindekiler

3 su bardağı bebek ıspanak, yıkanıp süzülmüş

1 litre taze böğürtlen

1 litre kiraz domates

1 adet dilimlenmiş yeşil soğan

¼ su bardağı ince kıyılmış ceviz

6 ons beyaz peynir, ufalanmış

½ fincan yenilebilir çiçekler

Pastırma sosu veya balzamik sirke seçimi

Yöntem

Bebek ıspanağı, böğürtlenleri, kiraz domatesleri, yeşil soğanları ve cevizleri karıştırın. Peyniri ekleyip tekrar karıştırın. Bu salatanın tadı güzel; salata sosuyla veya salata sosu olmadan. Sos eklemek isterseniz pastırma sosunu veya bol miktarda balzamik sirkeyi kullanın. Servis yapmadan önce üstünü yenilebilir herhangi bir çiçekle süsleyin.

Eğlence!

İçindekiler

1 su bardağı yeşil soğan, dilimlenmiş

1 bardak kereviz, dilimlenmiş

1 su bardağı yeşil biber

1 su bardağı dolmalık zeytin

6 su bardağı doğranmış marul

1/3 su bardağı bitkisel yağ

2 su bardağı rendelenmiş İsviçre peyniri

2 yemek kaşığı. kırmızı şarap sirkesi

1 çorba kaşığı. Dijon hardalı

Tatmak için biber ve tuz

Yöntem

Zeytinleri, soğanı, kerevizi ve yeşil dolmalık biberi bir salata kasesinde birleştirin ve iyice karıştırın. Küçük bir kapta yağı, hardalı ve sirkeyi karıştırın. Sosu tuz ve karabiberle tatlandırın. Sosu sebzelerin üzerine dökün. Gece boyunca veya birkaç saat buzdolabına koyun. Servis yapmadan önce tabağı salata yapraklarıyla örtün. Peyniri sebzelerle karıştırın. Salatayı salatanın üzerine dizin. Üzerine rendelenmiş peynir koyuyoruz. Derhal servis yapın.

Eğlence!

İçindekiler

2 kilo havuç soyulmuş ve çapraz olarak ince dilimlenmiş

½ bardak badem gevreği

1/3 bardak kurutulmuş kızılcık

2 bardak roka

2 diş sarımsak, ince doğranmış

1 paket Danimarka mavi peyniri ufalanmış

1 çorba kaşığı. limon sirkesi

¼ bardak sızma zeytinyağı

1 çay kaşığı bal

1-2 tutam taze çekilmiş karabiber

Tatmak için tuz

Yöntem

Havuç, sarımsak ve bademleri bir kasede karıştırın. Biraz zeytinyağı ekleyin ve iyice karıştırın. Tadına göre tuz ve karabiber ekleyin. Karışımı bir fırın tepsisine aktarın ve önceden ısıtılmış fırında 400 F veya 200 C'de 30 dakika pişirin. Kenarları kızarınca çıkarıp soğumaya bırakın. Havuç karışımını bir kaseye aktarın. Bal, sirke, kızılcık ve peyniri ekleyip iyice karıştırın. Rokayı ekleyip hemen servis yapın.

Eğlence!

Turşu sebze salatası

İçindekiler

1 kutu bezelye, süzülmüş

1 kutu Fransız yeşil fasulyesi, süzülmüş

1 kutu beyaz mısır veya bağcık, süzülmüş

1 orta boy soğan, ince dilimlenmiş

¾ bardak ince kıyılmış kereviz

2 yemek kaşığı. doğranmış dolmalık biber

½ bardak beyaz şarap sirkesi

½ su bardağı bitkisel yağ

¾ bardak şeker

½ çay kaşığı biber ½ çay kaşığı. Tuz

Yöntem

Büyük bir kase alın ve bezelye, tahıl ve fasulyeyi karıştırın. Kereviz, soğan ve dolmalık biberi ekleyip iyice karıştırın. Bir tava al. Diğer tüm malzemeleri ekleyip kısık ateşte pişirin. Şeker eriyene kadar sürekli karıştırın. Sosu sebze karışımının üzerine dökün. Kabı bir kapakla kapatın ve gece boyunca buzdolabında bekletin. Birkaç gün buzdolabında saklayabilirsiniz. Soğuk servis yapın.

Eğlence!

İçindekiler

8 adet taze mısır kabuğu 1 adet kırmızı dolmalık biber, doğranmış

1 yeşil dolmalık biber, doğranmış

1 kırmızı soğan ince doğranmış

1 su bardağı doğranmış taze kişniş

½ su bardağı zeytinyağı

4 diş sarımsak ezilip daha sonra kıyılacak

3 limon

1 çay kaşığı beyaz şeker

Tatmak için biber ve tuz

1 çorba kaşığı. acı sos

Yöntem

Büyük bir tencere alın ve içine mısırları koyun. Suyu dökün ve mısırı 15 dakika bekletin. Mısır kabuğundaki ipekleri çıkarın ve bir kenara koyun. Bir ızgara alın ve yüksek ateşte ısıtın. Mısırları ızgaraya yerleştirin ve 20 dakika pişirin. Ara sıra onları çevirin. Soğumaya bırakın ve yaprakları atın. Bir blender alın, zeytinyağını, limon suyunu ve acı sosu içine dökün ve döndürün. Kişniş, sarımsak, şeker, tuz ve karabiberi ekleyin. Pürüzsüz bir karışım elde etmek için karıştırın. Üzerine mısırları serpin. Derhal servis yapın.

Eğlence!

kremalı salatalık

İçindekiler

3 salatalık, soyulmuş ve ince dilimlenmiş

1 ince doğranmış soğan

2 bardak su

¾ bardak ağır krem şanti

¼ bardak elma sirkesi

isteğe göre kıyılmış taze maydanoz

¼ bardak) şeker

½ çay kaşığı Tuz

Yöntem

Suyu ekleyip salatalık ve soğanı tuzlayın, en az 1 saat bekletin. Fazla suyu boşaltın. Kremayı ve sirkeyi bir kasede pürüzsüz hale gelinceye kadar çırpın. Salatalık turşusunu ve soğanı ekleyin. Eşit şekilde kaplamak için iyice karıştırın. Birkaç saat buzdolabına koyun. Servis yapmadan önce maydanoz serpin.

Eğlence!

İçindekiler

12 ons kiraz domates, yarıya bölünmüş

1 paket taze mantar

2 adet dilimlenmiş yeşil soğan

¼ bardak balzamik sirke

1/3 su bardağı bitkisel yağ

1 ½ çay kaşığı. Beyaz şeker

½ çay kaşığı karabiber

½ çay kaşığı Tuz

½ su bardağı doğranmış taze fesleğen

Yöntem

Bir kapta balzamik sirkeyi, yağı, karabiberi, tuzu ve şekeri pürüzsüz hale

gelinceye kadar karıştırın. Başka bir büyük kase alın ve domatesleri,

soğanları, mantarları ve fesleğenleri karıştırın. İyice karıştırın. Sosu ekleyin

ve sebzeleri eşit şekilde kaplayın. Kaseyi kapatın ve 3-5 saat buzdolabında

saklayın. Soğuk servis yapın.

Eğlence!

İçindekiler

1 kutu barbunya fasulyesi, durulanmış ve süzülmüş

1 kutu garbanzo fasulyesi veya garbanzo fasulyesi, durulanmış ve süzülmüş

1 kutu yeşil fasulye

1 kutu fasulye, süzülmüş

¼ bardak jülyen doğranmış yeşil biber

8 yeşil soğan, dilimlenmiş

½ su bardağı elma sirkesi

¼ bardak kanola yağı

¾ bardak şeker

½ çay kaşığı Tuz

Yöntem

Fasulyeleri geniş bir kapta birleştirin. Fasulyelere yeşil biber ve soğan ekleyin. Kapalı bir kavanozda elma sirkesini, şekeri, yağı ve tuzu karıştırarak pürüzsüz bir sos elde edin. Şekerin pansuman içinde tamamen erimesine izin verin. Fasulye karışımını üzerine dökün ve iyice karıştırın. Karışımı örtün ve gece boyunca buzdolabında bekletin.

Eğlence!

İçindekiler

6 pancar, haşlanmış, soyulmuş ve dilimlenmiş

3 yemek kaşığı zeytinyağı

2 yemek kaşığı. kırmızı şarap sirkesi

2 diş sarımsak

Tatmak için tuz

Bir dilim yeşil soğan, biraz dekorasyon için

Yöntem

Tüm malzemeleri bir kapta karıştırın ve iyice karıştırın. Derhal servis yapın.

Eğlence!

İçindekiler

1 su bardağı dondurulmuş mısır

2 yeşil soğan, ince dilimlenmiş

1 çorba kaşığı. doğranmış yeşil biber

1 marul yaprağı (isteğe bağlı)

¼ bardak mayonez

2 yemek kaşığı. Limon suyu

¾ çay kaşığı öğütülmüş hardal

¼ çay kaşığı şeker

1-2 tutam taze çekilmiş biber

Yöntem

Büyük bir kapta mayonezi limon suyu, kuru hardal ve şekerle karıştırın.

Pürüzsüz olana kadar çırpın. Mayoneze mısır, yeşil biber ve soğanı ekleyin.

Karışımı tuz ve karabiberle tatlandırın. Örtün ve gece boyunca veya en az 4-5

saat buzdolabında saklayın. Servis yapmadan önce tabağı marulla kaplayın

ve marulu üstüne yerleştirin.

Eğlence!

İçindekiler

8 dilim pastırma

1 paket dondurulmuş bezelye, çözülmüş ve süzülmüş

½ bardak doğranmış kereviz

½ su bardağı doğranmış yeşil soğan

2/3 su bardağı ekşi krema

1 su bardağı kıyılmış kaju

Tatmak için biber ve tuz

Yöntem

Pastırmayı geniş bir tavaya koyun ve orta-orta ateşte her iki tarafı da kızarana kadar pişirin. Fazla yağını kağıt havluyla boşaltın ve pastırmayı ufalayın. Kenara koymak. Kereviz, bezelye, frenk soğanı ve ekşi kremayı orta boy bir kapta birleştirin. Nazik ellerle iyice karıştırın. Servis yapmadan hemen önce salataya kaju fıstığı ve pastırma ekleyin. Derhal servis yapın.

Eğlence!

şalgam salatası

İçindekiler

¼ bardak tatlı kırmızı dolmalık biber, doğranmış

4 su bardağı soyulmuş ve rendelenmiş şalgam

¼ bardak yeşil soğan

¼ bardak mayonez

1 çorba kaşığı. Sirke

2 yemek kaşığı. Şeker

¼ çay kaşığı biber

¼ çay kaşığı Tuz

Yöntem

Bir kase alalım. Kırmızı biberi, soğanı karıştırıp karıştırın. Sosu hazırlamak için başka bir kase alın. Mayonez, sirke, şeker, tuz ve karabiberi karıştırıp iyice çırpın. Karışımı sebzelerin üzerine dökün ve iyice karıştırın. Alabaşları bir kaseye alın, bu karışımı şalgamlara ekleyin ve iyice karıştırın. Sebzeleri gece boyunca veya birkaç saat buzdolabına koyun. Daha fazla marinat daha fazla lezzet katar. Soğuk servis yapın.

Eğlence!

İçindekiler

1 paket bebek yeşillikleri

¼ bardak doğranmış kırmızı soğan

½ su bardağı kıyılmış ceviz

1/3 su bardağı ufalanmış mavi peynir

2 çay kaşığı rendelenmiş limon

1 elma, soyulmuş, çekirdeği çıkarılmış ve dilimlenmiş

1 avokado, soyulmuş, çekirdeği çıkarılmış ve doğranmış

4 mandalina, meyve suyu

½ limon, sıkılmış

1 diş kıyılmış sarımsak

2 yemek kaşığı. Zeytinyağını damak tadınıza göre tuzlayın

Yöntem

Bebe yeşilliklerini, cevizi, kırmızı soğanı, mavi peyniri ve limon kabuğu rendesini bir kapta karıştırın. Karışımı iyice karıştırın. Mandalina suyunu, limon kabuğunu, limon suyunu, kıyılmış sarımsağı ve zeytinyağını iyice çırpın. Karışımı tuzla tatlandırın. Salatanın üzerine dökün ve karıştırın. Salatayı servis etmeden hemen önce elmayı ve avokadoyu kaseye ekleyin ve karıştırın.

Eğlence!

İçindekiler

1 kutu bütün mısır, yıkanmış ve süzülmüş

1 kutu bebek bezelye, yıkanmış ve süzülmüş

1 kutu yeşil fasulye, süzülmüş

1 kavanoz dolmalık biber, süzülmüş

1 su bardağı ince kıyılmış kereviz

1 soğan ince doğranmış

1 yeşil biber ince doğranmış

1 bardak şeker

½ su bardağı elma sirkesi

½ su bardağı kanola yağı

1 çay kaşığı tuz

½ çay kaşığı biber

Yöntem

Geniş bir salata kasesi alın ve soğanı, yeşil biberi ve kerevizi karıştırın. Kenara koymak. Sirke, yağ, şeker, tuz ve karabiberi bir tencereye dökün ve kaynatın. Ateşten alın ve karışımın soğumasını bekleyin. Sebzeleri serpin ve eşit şekilde kaplamak için iyice fırlatın. Birkaç saat veya gece boyunca buzdolabında bekletin. Soğuk servis yapın.

Eğlence!

İtalyan sebze salatası

İçindekiler

1 kutu enginar kalbi, suyu süzülmüş ve dörde bölünmüş

5 su bardağı marul, durulanmış, kurutulmuş ve doğranmış

Şeritler halinde kesilmiş 1 kırmızı dolmalık biber

1 havuç 1 kırmızı soğan, ince dilimlenmiş

¼ su bardağı siyah zeytin

¼ bardak yeşil zeytin

½ salatalık

2 yemek kaşığı. rendelenmiş Romano peyniri

1 çay kaşığı doğranmış taze kekik

½ su bardağı kanola yağı

1/3 bardak tarhun sirkesi

1 çorba kaşığı. Beyaz şeker

½ çay kaşığı kuru hardal

2 diş sarımsak, ince doğranmış

Yöntem

Sıkı kapaklı orta boy bir kap alın. Kanola yağı, sirke, kuru hardal, şeker, kekik ve sarımsağı dökün. Tencerenin kapağını kapatın ve pürüzsüz bir karışım elde edene kadar kuvvetlice karıştırın. Karışımı bir kaseye aktarın ve içine enginar kalplerini yerleştirin. Buzdolabına koyun ve gece boyunca marine edin. Büyük bir kase alın ve marul, havuç, kırmızı dolmalık biber, kırmızı soğan, zeytin, salatalık ve peyniri karıştırın. Dikkatlice karıştırın. Mevsimine göre tuz ve karabiber ekleyin. Enginarlarla karıştırın. Dört saat boyunca marine edilmesine izin verin. Soğuk servis yapın.

Eğlence!

İçindekiler

1 paket üç renkli makarna

3 sap kereviz

1 kilo taklit yengeç eti

1 su bardağı dondurulmuş bezelye

1 bardak mayonez

½ yemek kaşığı. Beyaz şeker

2 yemek kaşığı. Beyaz sirke

3 yemek kaşığı süt

1 çay kaşığı tuz

¼ çay kaşığı karabiber

Yöntem

Büyük bir tencerede tuzlu suyu kaynatın, makarnayı ekleyin ve 10 dakika pişirin. Makarna kaynayınca bezelye ve yengeç etini ekleyin. Bahsedilen diğer malzemeleri geniş bir kapta karıştırın ve bir süre bekletin. Bezelye, yengeç eti ve makarnayı karıştırın. Derhal servis yapın.

Eğlence!

İçindekiler

1 kilo taze kuşkonmaz, dilimlenmiş

2 kabak, uzunlamasına ikiye bölünmüş ve uçları kesilmiş

2 adet sarı kabak

1 büyük kırmızı soğan, dilimlenmiş

2 adet kırmızı dolmalık biber, ikiye bölünmüş ve çekirdekleri çıkarılmış

½ su bardağı sızma zeytinyağı

¼ bardak kırmızı şarap sirkesi

1 çorba kaşığı. Dijon hardalı

1 diş kıyılmış sarımsak

Tatmak için tuz ve öğütülmüş karabiber

Yöntem

Sebzeler ısıtılıp 15 dakika kavrulur, ardından ızgaradan alınarak küçük küpler halinde kesilir. Geri kalan malzemeleri ekleyin ve salatayı tüm baharatların iyice karışması için karıştırın. Derhal servis yapın.

Eğlence!

İçindekiler

6 adet mısır soyulmuş ve tamamen temizlenmiş

3 büyük domates, doğranmış

1 büyük soğan ince doğranmış

¼ bardak doğranmış taze fesleğen

¼ bardak zeytinyağı

2 yemek kaşığı. Beyaz sirke

Tuz biber

Yöntem

Büyük bir tencereye alın, üzerine su ve tuz ekleyip kaynatın. Mısırı kaynar

suda pişirin, ardından listelenen tüm malzemeleri ekleyin. Karışımı iyice

karıştırın ve soğutun. Soğuk servis yapın.

Eğlence!!

Karamelli çıtır bezelye salatası

İçindekiler

8 dilim pastırma

1 paket dondurularak kurutulmuş bezelye

½ bardak doğranmış kereviz

½ su bardağı doğranmış yeşil soğan

2/3 su bardağı ekşi krema

1 su bardağı kıyılmış kaju

Tadına göre tuz ve karabiber ekleyin

Yöntem

Pastırmayı bir tavada orta ateşte kızarıncaya kadar kızartın. Kaju fıstığı hariç diğer tüm malzemeleri bir kapta karıştırın. Son olarak pastırmayı ve kaju fıstıklarını karışımın üzerine ekleyin. İyice karıştırın ve hemen servis yapın.

Eğlence!

İçindekiler

1 kutu siyah fasulye, durulanmış ve süzülmüş

2 kutu kuru mısır tanesi

8 yeşil soğan, ince doğranmış

2 jalapeno biber, doğranmış ve çekirdeği çıkarılmış

1 yeşil dolmalık biber, doğranmış

1 avokado, soyulmuş, çekirdeği çıkarılmış ve doğranmış.

1 kavanoz kırmızı biber

3 adet domates, çekirdekleri çıkarılmış ve doğranmış

1 su bardağı doğranmış taze kişniş

1 misket limonunun suyu

½ bardak İtalyan salata sosu

½ çay kaşığı sarımsak tuzu

Yöntem

Büyük bir kase alın ve içine tüm malzemeleri koyun. İyice birleştirmek için iyice karıştırın. Derhal servis yapın.

Eğlence!

İçindekiler

3 büyük olgun domates, doğranmış

2 salatalık, soyulmuş ve doğranmış

1 küçük kırmızı soğan ince doğranmış

¼ bardak zeytinyağı

4 çay kaşığı limon suyu

½ çay kaşığı kurutulmuş kekik

Tatmak için biber ve tuz

1 su bardağı ufalanmış beyaz peynir

6 Yunan siyah zeytini, çekirdekleri çıkarılmış ve dilimlenmiş

Yöntem

Orta boy bir kase alın, domatesi, salatalığı ve soğanı iyice karıştırın ve beş dakika bekletin. Üzerine yağ, limon suyu, kekik, tuz, karabiber, beyaz peynir ve zeytin serpin. Hemen karıştırıp servis yapın.

Eğlence!!

Muhteşem Tay salatalık salatası

İçindekiler

3 büyük salatalık, soyulmuş, ¼ inç dilimler halinde kesilmiş, çekirdekleri çıkarılmış

1 çorba kaşığı. Tuz

½ su bardağı beyaz şeker

½ bardak pirinç şarabı sirkesi

2 jalapeno biber, doğranmış

¼ bardak kıyılmış kişniş

½ su bardağı kıyılmış fıstık

Yöntem

Tüm malzemeleri geniş bir karıştırma kabında birleştirin ve iyice karıştırın.

Damak tadınıza göre baharatlayıp soğuk servis yapın.

Eğlence!

Yüksek protein içeriğine sahip domatesli fesleğen salatası

İçindekiler

4 büyük olgun domates, dilimlenmiş

1 kiloluk dilimlenmiş taze mozzarella peyniri

1/3 bardak taze fesleğen

3 yemek kaşığı sızma zeytinyağı

kaliteli Deniz tuzu

taze çekilmiş karabiber

Yöntem

Bir tabağa dönüşümlü olarak domates ve mozzarella dilimlerini üstüne
yerleştirin. Son olarak biraz zeytinyağı, ince tuz ve karabiber ekleyin.
Fesleğen yaprakları serperek serin servis yapın.

Eğlence!

İçindekiler

2 orta boy doğranmış salatalık

2 adet doğranmış avokado

4 yemek kaşığı doğranmış taze kişniş

1 diş kıyılmış sarımsak

2 yemek kaşığı. doğranmış yeşil soğan

¼ çay kaşığı tuz

Karabiber

¼ büyük limon

1 limon

Yöntem

Salatalık, avokado ve kişnişi alın ve iyice karıştırın. Son olarak biber, limon, misket limonu, soğan ve sarımsağı ekleyin. iyice fırlatın. Hemen servis yapın.

Eğlence!

İçindekiler

1 su bardağı çiğ orzo makarna

¼ su bardağı çekirdeği çıkarılmış yeşil zeytin

1 su bardağı doğranmış beyaz peynir

3 yemek kaşığı doğranmış taze Presley

1 olgun domates, doğranmış

¼ bardak sızma zeytinyağı

¼ bardak limon suyu

Tuz biber

Yöntem

Orzo'yu üreticinin talimatlarına göre pişirin. Bir kase alın ve orzo, zeytin, maydanoz, dereotu ve domatesleri iyice karıştırın. Son olarak üzerine tuz ve karabiberi ve beyaz peyniri ekleyin. Derhal servis yapın.

Eğlence!

İçindekiler

8 adet roma veya erik domates

1 İngiliz salatalığı, soyulmuş ve doğranmış

1 bardak jicama, soyulmuş ve doğranmış

1 küçük sarı dolmalık biber

½ bardak kırmızı soğan, doğranmış

3 yemek kaşığı limon suyu

3 yemek kaşığı sızma zeytinyağı

1 çorba kaşığı. kurutulmuş maydanoz

1-2 tutam biber

Yöntem

Domatesleri, dolmalık biberi, salatalık, jicama ve kırmızı soğanı bir kasede

birleştirin. İyice karıştırın. Zeytinyağı, limon suyunu dökün ve karışımın

üzerini kapatın. Maydanoz serpip karıştırın. Tuz ve karabiberle tatlandırın.

Hemen veya soğuk olarak servis yapın.

Eğlence!

İçindekiler

1 patlıcan

4 domates, doğranmış

3 adet haşlanmış yumurta, doğranmış

1 soğan ince doğranmış

½ bardak Fransız salata sosu

½ çay kaşığı biber

Baharat için tuz, isteğe bağlı

Yöntem

Patlıcanı yıkayıp uzunlamasına ikiye bölün. Bir fırın tepsisi alın ve

zeytinyağıyla yağlayın. Patlıcanları yağlanmış fırın tepsisine kesik kısımları

alta gelecek şekilde dizin. 350 derecede 30-40 dakika pişirin. Çıkarın ve

soğumaya bırakın. Patlıcanı soyun. Onları küçük küpler halinde kesin. Geniş

bir kase alıp içine patlıcanları koyun. Soğanı, domatesi, yumurtayı, sosu,

biberi ve tuzu ekleyin. İyice karıştırın. En az 1 saat buzdolabında bekletip

servis yapın.

Eğlence!

İçindekiler

2 baş taze brokoli, doğranmış

1/2 pound pastırma

1 demet yeşil soğan, doğranmış

½ su bardağı rendelenmiş havuç

½ su bardağı kuru üzüm, isteğe bağlı

1 bardak mayonez

½ bardak damıtılmış beyaz sirke

1-2 tutam biber

Tatmak için tuz

Yöntem

Pastırmayı büyük, derin bir tavada orta-yüksek ateşte kızartın. Süzün ve

ufalayın. Büyük bir kapta brokoli, yeşil soğan, havuç ve pastırmayı birleştirin.

Tuz ve karabiber ekleyin. İyice karıştırın. Küçük bir kase veya kap alın ve

mayonezi ve sirkeyi ekleyip karıştırın. Sosu sebze karışımının üzerine dökün.

Sebzeleri pürüzsüz ellerle kaplayın. En az 1 saat buzdolabında bekletip servis

yapın.

Eğlence!

İçindekiler

3-4 salatalık, soyulmuş ve dilimlenmiş

Süslemek için 2 adet salata yaprağı (isteğe bağlı)

5-7 dilim domates,

1 soğan, ince halkalar halinde kesilmiş

1 çorba kaşığı. doğranmış Frenk soğanı

½ bardak ekşi krema

2 yemek kaşığı. Beyaz sirke

½ çay kaşığı dereotu tohumu

¼ çay kaşığı biber

bir tutam şeker

1 çay kaşığı tuz

Yöntem

Salatalık dilimlerini bir kaseye koyun ve üzerine tuz serpin. Buzdolabında 3-4 saat marine edin. Salatalığı çıkarıp yıkayın. Tüm sıvıyı boşaltın ve büyük bir salata kasesine aktarın. Soğanı ekleyip bir kenarda bekletin. Küçük bir kase alın ve sirkeyi, ekşi kremayı, frenk soğanını, dereotu tohumlarını, biberi ve şekeri karıştırın. Karışımı çırpın ve salatalık karışımının üzerine dökün. Dikkatlice karıştırın. Tabağı marul ve domatesle güzelce düzenleyin. Derhal servis yapın.

Eğlence!

İçindekiler

1 kilo gökkuşağı tortellini makarnası

3 adet erik domates ikiye bölünmüş

3 ons sert salam, doğranmış

2/3 bardak dilimlenmiş kereviz

¼ su bardağı dilimlenmiş siyah zeytin

½ bardak kırmızı dolmalık biber

1 çorba kaşığı. Kırmızı soğan, doğranmış

1 çorba kaşığı. Domates sosu

1 diş kıyılmış sarımsak

3 yemek kaşığı kırmızı şarap sirkesi

3 yemek kaşığı balzamik sirke

2 çay kaşığı Dijon hardalı

1 çay kaşığı bal

1/3 su bardağı zeytinyağı

1/3 su bardağı bitkisel yağ

¾ bardak rendelenmiş provolon peyniri

¼ bardak doğranmış taze maydanoz

1 çay kaşığı doğranmış taze biberiye

1 çorba kaşığı. Limon suyu

Tatmak için biber ve tuz

Yöntem

Makarnayı paketin üzerindeki talimatlara göre pişirin. Üzerine soğuk su

dökün ve süzün. Kenara koymak. Domatesleri kabukları kısmen kararana

kadar bir şiş üzerinde kızartın. Şimdi domatesleri blenderde işleyin. Salçayı,

sirkeyi, sarımsağı, balı ve hardalı ekleyip tekrar karıştırın. Yavaş yavaş

zeytinyağını ve bitkisel yağı ekleyin ve pürüzsüz hale gelinceye kadar

karıştırın. Tuz ve karabiber ekleyin. Makarnayı tüm sebzeler, otlar, salam ve

limon suyuyla bir kapta karıştırın. Pansumanı dökün ve iyice karıştırın.

Katılmak.

Eğlence!

İçindekiler

1 demet brokoli çiçeklerine ayrılmış

½ küçük kırmızı soğan, ince doğranmış

1 su bardağı rendelenmiş mozarella peyniri

8 dilim pastırma, pişmiş ve ufalanmış

½ bardak mayonez

1 çorba kaşığı. beyaz şarap sirkesi

¼ bardak) şeker

Yöntem

Brokoliyi, pişmiş pastırmayı, soğanı ve peyniri geniş bir salata kasesine koyun. Ellerinizle yavaşça karıştırın. Örtün ve bir kenara koyun. Mayonez, sirke ve şekeri küçük bir kapta karıştırın. Şeker eriyene ve pürüzsüz bir karışım elde edene kadar sürekli karıştırın. Sosu brokoli karışımının üzerine dökün ve eşit şekilde kaplayın. Derhal servis yapın.

Eğlence!

İçindekiler

2 kutu tavuk parçaları, suyu süzülmüş

1 su bardağı ikiye bölünmüş yeşil çekirdeksiz üzüm

½ su bardağı çekilmiş ceviz veya badem

½ bardak doğranmış kereviz

1 kutu mandalina, süzülmüş

¾ bardak kremalı salatalık salatası sosu

Yöntem

Geniş ve derin bir salata kasesi alın. Tavuğu, kerevizi, üzümleri, portakalları ve tercih ettiğiniz ceviz veya bademleri ekleyin. Dikkatlice karıştırın. Salatalık salatası sosunu ekleyin. Tavuk-sebze karışımını kremalı sosla eşit şekilde dağıtın. Derhal servis yapın.

Eğlence!

İçindekiler

¾ bardak karnabahar çiçeği

¼ bardak salatalık

¼ bardak çekirdeksiz domates, doğranmış

2 yemek kaşığı. dilimlenmiş turp

1 çorba kaşığı. Dilimlenmiş yeşil soğan

2 yemek kaşığı. doğranmış kereviz

¼ bardak doğranmış Amerikan peyniri

Sos için:

2 yemek kaşığı. mayonez

1-2 yemek kaşığı şeker

1 çorba kaşığı. hazırlanmış yaban turpu

1/8 çay kaşığı biber

¼ çay kaşığı Tuz

Yöntem

Karnabahar, salatalık, domates, kereviz, turp, yeşil soğan ve peyniri geniş bir kapta birleştirin. Kenara koymak. Küçük bir kase alalım. Mayonez, şeker ve yaban turpunu şeker eriyene ve pürüzsüz bir karışım elde edene kadar karıştırın. Sosu sebzelerin üzerine dökün ve iyice karıştırın. 1-2 saat buzdolabında bekletin. Soğuk servis yapın.

Eğlence!

İçindekiler

1 bardak makarna

2 su bardağı dondurulmuş bezelye

3 yumurta

3 yeşil soğan, doğranmış

2 sap kereviz, doğranmış

¼ bardak ranch salata sosu

1 çay kaşığı beyaz şeker

2 çay kaşığı beyaz şarap sirkesi

2 tatlı turşu

1 su bardağı rendelenmiş kaşar peyniri

¼ taze çekilmiş karabiber

Yöntem

Makarnayı kaynar suda haşlayın. Bir çimdik tuz ekle. Hazır olduğunuzda soğuk su altında durulayın ve süzün. Bir tava alın ve soğuk suyla doldurun. Yumurtayı ekleyin ve kaynatın. Isıdan çıkarın ve örtün. Yumurtaları 10-15 dakika ılık suda bırakın. Yumurtaları ılık sudan çıkarıp soğumaya bırakın. Cildi soyun ve parçalara ayırın. Küçük bir kase alın ve salata sosunu, sirkeyi ve şekeri karıştırın. İyice çırpın, tuz ve taze çekilmiş karabiberle tatlandırın. Makarnayı, yumurtayı, sebzeleri ve peyniri karıştırın. Pansuman dökün ve karıştırın. Soğuk servis yapın.

Eğlence!

İçindekiler

1 yeşil dolmalık biber, küçültülmüş

1 tatlı sarı dolmalık biber, küçültülmüş

1 tatlı kırmızı dolmalık biber, küçültülmüş

1 adet mor dolmalık biber, küçültülmüş

1 kırmızı soğan, küçültülmüş

1/3 bardak sirke

¼ bardak kanola yağı

1 çorba kaşığı. Şeker

1 çorba kaşığı. doğranmış taze fesleğen

¼ çay kaşığı Tuz

bir tutam biber

Yöntem

Büyük bir kase alın, tüm biberleri karıştırın ve iyice karıştırın. Soğanı ekleyip tekrar karıştırın. Başka bir kase alın ve geri kalan malzemeleri karıştırın ve karışımı kuvvetlice karıştırın. Sosu biber ve soğan karışımının üzerine dökün. Sebzeleri kaplamak için iyice karıştırın. Karışımı örtün ve gece boyunca buzdolabında bekletin. Soğuk servis yapın.

Eğlence!

İçindekiler

1 somun İtalyan ekmeği, küp şeklinde kesilmiş

8 adet ızgara tavuk kanadı

½ su bardağı çam fıstığı

1 su bardağı güneşte kurutulmuş domates

4 yeşil soğan, 1/2-inç parçalar halinde kesilmiş

2 paket karışık salata yaprağı

3 yemek kaşığı sızma zeytinyağı

½ çay kaşığı Tuz

½ çay kaşığı taze çekilmiş karabiber

1 çay kaşığı sarımsak tozu

8 ons beyaz peynir, ufalanmış

1 su bardağı balzamik sos

Yöntem

İtalyan ekmeğini ve zeytinyağını karıştırın. Tuz, sarımsak tozu ve tuzla tatlandırın. Karışımı yağlanmış 9x13 inçlik bir tavaya tek bir katman halinde düzenleyin. Önceden ısıtılmış ızgaraya yerleştirin ve kızarana ve kızarana kadar pişirin. Çıkarın ve soğumaya bırakın. Çam fıstıklarını pişirme kağıdı serili fırın tepsisine dizip fırının alt rafına yerleştirip dikkatlice kızartın. Küçük bir kaseye sıcak su dökün ve güneşte kurutulmuş domatesleri yumuşayana kadar bekletin. Domatesleri dilimler halinde kesin. Bir salata kasesinde tüm yeşil sebzeleri karıştırın; domates, çam fıstığı, kruton, ızgara tavuk, salata sosu ve peyniri ekleyin. İyice karıştırın. Katılmak.

Eğlence!

İçindekiler

¼ bardak kırmızı şarap sirkesi

1 diş kıyılmış sarımsak

2/3 su bardağı zeytinyağı

1 litre kiraz domates yarıya bölünmüş

1 ½ su bardağı doğranmış yarım yağsız mozzarella peyniri

¼ bardak doğranmış soğan

3 yemek kaşığı doğranmış taze fesleğen

zevkinize biber

½ çay kaşığı Tuz

Yöntem

Küçük bir kase alın. Sirkeyi, kıyılmış sarımsağı, tuzu ve karabiberi ekleyip tuz eriyene kadar karıştırın. Yağı ekleyin ve karışımı pürüzsüz hale gelinceye kadar karıştırın. Geniş bir kaseye domatesi, peyniri, soğanı ve fesleğenleri ekleyip elinizle yavaşça karıştırın. Pansuman ekleyin ve iyice karıştırın. Kasenin kapağını kapatıp 1-2 saat buzdolabında bekletin. Ara sıra karıştır. Soğuk servis yapın.

Eğlence!

İçindekiler

1 ½ yemek kaşığı. susam

¼ su bardağı tavuk suyu

3 yemek kaşığı miso ezmesi

2 yemek kaşığı. Soya sosu

1 çorba kaşığı. Pirinç sirkesi

1 çorba kaşığı. yeşil-limon suyu

½ çay kaşığı Tay biber sosu

2 çay kaşığı esmer şeker

½ su bardağı doğranmış yeşil soğan

¼ bardak kıyılmış kişniş

6 adet kabak çöreği

İnce dilimler halinde kesilmiş 2 Nori yaprağı

2 yemek kaşığı. gümüş badem

Yöntem

Susam tohumlarını bir tavaya koyun ve orta ateşte yerleştirin. 5 dakika

pişirin. Sürekli karıştırın. Hafifçe kızartın. Tavuk suyu, soya sosu, miso

ezmesi, pirinç sirkesi, limon suyu, esmer şeker, biber sosu, yeşil soğan ve

kişnişi bir kasede birleştirin ve birleştirmek için çırpın. Büyük bir salata

kasesine kabakları ve sosu eşit şekilde kaplayacak şekilde atın. Kabakların

üstüne kavrulmuş susam, badem ve nori serpin. Derhal servis yapın.

Eğlence!

İçindekiler

1 pound taze kuşkonmaz, 1 inçlik parçalar halinde kesilmiş

4 adet dilimlenmiş domates

3 bardak taze mantar, dilimlenmiş

1 yeşil dolmalık biber, küçültülmüş

¼ bardak bitkisel yağ

2 yemek kaşığı. limon sirkesi

1 diş kıyılmış sarımsak

1 çay kaşığı kurutulmuş tarhun

¼ çay kaşığı acı sos

¾ çay kaşığı tuz

¼ çay kaşığı biber

Yöntem

Bir tavaya biraz su koyun ve kuşkonmazları çıtır çıtır olana kadar yaklaşık 4-5 dakika pişirin. Drenaj yapın ve bir kenara koyun. Büyük bir salata kasesinde mantarları domates ve yeşil biberle karıştırın. Diğer tüm malzemeleri başka bir kapta karıştırın. Sebze karışımını sosla karıştırın. İyice karıştırın, örtün ve 2-3 saat buzdolabında saklayın. Katılmak.

Eğlence!

İçindekiler

2 salatalık uzunlamasına ikiye kesilmiş, çekirdekleri çıkarılmış ve dilimlenmiş

2/3 bardak kırmızı soğan, kabaca doğranmış

3 adet domates, çekirdekleri çıkarılmış ve kabaca doğranmış

½ su bardağı doğranmış taze nane yaprağı

1/3 su bardağı kırmızı şarap sirkesi

1 çorba kaşığı. granül kalorisiz tatlandırıcı

1 çay kaşığı tuz

3 yemek kaşığı zeytinyağı

bir tutam biber

Tatmak için tuz

Yöntem

Salatalığı, granül tatlandırıcıyı, sirkeyi ve tuzu geniş bir kapta birleştirin. Islanmasına izin verin. Marine edilmesi için en az 1 saat oda sıcaklığında bırakılması gerekmektedir. Karışımı ara sıra karıştırın. Domatesleri, soğanı ve doğranmış taze naneyi ekleyin. İyice karıştırın. Salatalık karışımına yağ ekleyin. Eşit şekilde kaplamak için atın. Tadına göre tuz ve karabiber ekleyin. Soğuk servis yapın.

Eğlence!

Adas Salataları

(Türk Mercimek Salatası)

İçindekiler:

2 su bardağı mercimek, temizlenmiş

4 bardak su

¼ bardak zeytinyağı

1 ince doğranmış soğan

2-3 diş sarımsak, dilimlenmiş

2 çay kaşığı öğütülmüş kimyon

1-2 limon, sadece suyu

1 demet maydanoz, dilimlenmiş

Tuz ve karabiberle tatlandırın

2 adet dilimlenmiş domates (isteğe bağlı)

2 yumurta, haşlanmış ve doğranmış (isteğe bağlı)

İsteğe göre siyah zeytin

¼ bardak beyaz peynir, isteğe bağlı, ufalanmış veya dilimlenmiş

Yöntem

Fasulyeleri ve suyu büyük bir tencereye ekleyin ve orta-yüksek ateşte kaynatın. Isıyı azaltın, örtün ve pişene kadar pişirin. Fazla pişirmeyin. Süzüp soğuk suyla yıkayın. Zeytinyağını bir tavada orta ateşte ısıtın. Kırmızı soğanı ekleyin ve şeffaflaşana kadar soteleyin. Sarımsakları ve kimyonu ekleyip 1-2 dakika daha kavurun. Fasulyeleri geniş bir tabağa koyun ve kırmızı soğanı, domatesi ve yumurtayı ekleyin. Limon suyu, maydanoz, nişasta ve tuzu ekleyin. Taze olarak servis yapın, üzerine peynir serpin.

Eğlence!

İçindekiler:

3 orta boy patlıcan, uzunlamasına ikiye kesilmiş

6-8 adet kırmızı biber

½ su bardağı zeytinyağı

3 yemek kaşığı sirke veya taze sıkılmış saf portakal suyu

2-3 diş sarımsak, dilimlenmiş

Tuz ve karabiberle tatlandırın

Yöntem

Fırını 475 derece F'ye önceden ısıtın. Patlıcanları kesilmiş tarafı aşağı bakacak şekilde dikkatlice yağlanmış fırın tepsisine yerleştirin ve stiller kararana ve patlıcan tamamen pişene kadar yaklaşık 20 dakika kızartın. Geniş bir tabağa koyun ve kapağı kapalı olarak birkaç dakika pişirin. Tatlı biberi fırın tepsisine yerleştirin ve fırında, kabuğu kararıncaya ve tatlı biber yumuşayana kadar yaklaşık 20 dakika daha çevirerek kızartın. Başka bir tabağa aktarın ve kapağı kapalı olarak birkaç dakika pişirin. Temizlenen sebzeler soğuduktan sonra patlıcanın posasını geniş bir tabak veya blender yardımıyla çıkarın ve diğer kısımlarını çıkarın. Tatlı biberi doğrayıp patlıcana ekleyin. Patlıcan ve biberi patates eziciyle pürüzsüz ama yine de biraz iri olana kadar ezin. Bir mikser kullanıyorsanız, kombinasyonu istenen dokuya kadar çırpın.

Eğlence!

İçindekiler:

2 demet İtalyan maydanozu, dilimlenmiş

¾ su bardağı tahin

¼ bardak limon suyu

Tatmak için tuz

su

Yöntem

Tahini, taze sıkılmış portakal suyunu ve tuzu bir kapta pürüzsüz hale gelinceye kadar karıştırın. Bir yemek kaşığı ekleyin. veya koyu bir sos yapılabiliyorsa iki su. Tatmak için baharatlayın. Dilimlenmiş maydanozu ekleyip karıştırın. Derhal servis yapın.

Eğlence!

dolmaya neden olur

İçindekiler:

2 kilo altın sarısı Yukon kerevizi

½ su bardağı sıvı yağ

¼ bardak güçlü, berrak limon veya portakal suyu

İsteğe göre 2-3 adet sarı biber

Tuz ve karabiberle tatlandırın

2 bardak doldurma

2-3 adet haşlanmış yumurta, dilimlenmiş

6-8 adet çekirdeği çıkarılmış siyah zeytin

Yöntem:

Kerevizleri büyük bir tuzlu su kabına koyun. Kaynatın ve kereviz yumuşayana

kadar pişirin. Kenara çekilmek. Kerevizleri daha zengin bir püre haline getirin

veya patates eziciyle pürüzsüz hale getirin. Damak tadınıza göre yağı, yağ

arttırıcıyı (varsa), kalsiyum mineralini veya taze sıkılmış saf portakal suyunu ve tuzu karıştırın. Bir lazanya tabağını sıralayın. Kerevizin %50'sini tabağın tabanına yayın ve düzeltin. İstenilen dolguyu kerevizin üzerine aynı şekilde yayın. Kalan kerevizi dolgunun üzerine eşit şekilde dağıtın. Servis tabağını eğitim tabağının üzerine baş aşağı yerleştirin. Sebep tabağın üzerine düşecek şekilde iki elinizle tabağı ve tabağı çevirin. Haşlanmış yumurta ve zeytinle ve isteğe göre baharatlarla dekoratif bir şekilde süsleyin.

Eğlence!

İçindekiler:

½ baş lahana

1 havuç, soyulmuş ve rendelenmiş

1 bardak fasulye

4 bardak kaynar su

3 adet ince doğranmış taze soğan

½ su bardağı beyaz elma sirkesi

½ bardak su

1 jalapeno veya serrano biber güçlendirici

½ çay kaşığı Tuz

Yöntem

Sebzeleri ve fasulyeleri ısıya dayanıklı geniş bir tabağa dizin. Sebzelerin ve fasulyelerin üzerini kaplayacak şekilde tencereye kaynar su ekleyin ve yaklaşık 5 dakika bekletin. Mümkün olduğu kadar fazla sıvıyı sıkmak için bir süzgeçte süzün. Sebzeleri ve fasulyeleri tekrar tabağa alın ve diğer malzemelerle birlikte karıştırın. Birkaç saat buzdolabında bekletin. Soğuk servis yapın.

Eğlence!

İçindekiler

1 su bardağı pişmiş yeşil fasulye

2 havuç, soyulmuş ve dilimlenmiş

1 su bardağı yeşil fasulye, 2 inçlik parçalar halinde kesilmiş, buharda pişirilmiş

2 patates, soyulmuş, haşlanmış ve dilimlenmiş

2 su bardağı marul

1 Salatalık, soyulmuş, halkalar halinde kesilmiş

2-3 adet dilimlenmiş domates

2-3 adet haşlanmış yumurta, küp şeklinde kesilmiş

10-12 Krupuk, karides kraker

Fıstık sosu

Yöntem

Marul hariç tüm malzemeleri karıştırın ve iyice karıştırın. Salata, marul

yatağında servis edilir.

Eğlence!

İçindekiler

3 kabak veya kabak, ezilmiş ve yarım ay şeklinde kesilmiş

2-3 diş kıyılmış sarımsak

1 çay kaşığı şeker

Tuz

3 yemek kaşığı soya sosu

2 yemek kaşığı. Kavrulmuş susam yağı

Yöntem

Orta-yüksek ateşte buhara bir tencereye su getirin. Doğranmış parçaları ekleyin ve yaklaşık 1 dakika pişirin. Süzüp soğuk suyla yıkayın. Tekrar boşaltın. Tüm malzemeleri birleştirin ve iyice karıştırın. Çeşitli Japon yan yemekleri ve bir ana yemekle birlikte sıcak servis yapın.

Eğlence!

İçindekiler

3-4 adet domates, çekirdekleri çıkarılmış ve doğranmış

1 salatalık, soyulmuş, çekirdeği çıkarılmış ve doğranmış

1 kırmızı soğan dilimlenmiş

½ bardak Kalamata zeytini

½ su bardağı beyaz peynir, doğranmış veya ufalanmış

½ su bardağı zeytinyağı

¼ bardak elma sirkesi

1-2 diş kıyılmış sarımsak

1 çay kaşığı kekik

Tadına göre tuz ve baharat ekleyin

Yöntem

Taze sebzeleri, zeytinleri ve süt ürünlerini reaksiyona girmeyen büyük bir kapta birleştirin. Başka bir kapta zeytinyağı, elma sirkesi, diş sarımsak, kekiği karıştırın, tuz ve karabiberle tatlandırın. Sosu taze sebzelerin bulunduğu tabağa dökün ve karıştırın. Yarım saat kadar marine etmeye bırakın ve sıcak olarak servis yapın.

Eğlence!

Patates salatası

(Alman patates salatası)

İçindekiler

2 kilo elma

¾ bardak sıcak et veya kümes hayvanı suyu

1 ince doğranmış soğan

1/3 su bardağı sıvı yağ

¼ bardak sirke

2 yemek kaşığı. Kahverengi veya Dijon hardalı

1 çorba kaşığı. Şeker

Tadına göre tuz ve baharat ekleyin

İsteğe göre 1-2 yemek kaşığı doğranmış frenk soğanı veya maydanoz

Yöntem

Elmaları büyük bir tencereye koyun ve üzerini bir veya iki inç kaplayacak kadar su ekleyin. Orta-yüksek ateşte koyun ve kaynatın. Isıyı en aza indirin ve elmalar iyice yumuşayana ve bıçak kolayca geçebilecek hale gelinceye kadar kaynatmaya devam edin. Filtreleyin ve soğumaya bırakın. Elmayı dörde bölün. Tüm malzemeleri birleştirin ve iyice karıştırın. Tencereyi zevkinize göre ayarlayın ve en iyi lezzet için 70 derecede sıcak olarak servis yapın.

Eğlence!

İçindekiler

2 kilo lahana turşusu

1 elma, çekirdeği çıkarılmış ve doğranmış

1-2 havuç, soyulmuş ve rendelenmiş

4-6 taze soğan, doğranmış

1-2 yemek kaşığı şeker

½ su bardağı zeytinyağı

Yöntem

Tüm malzemeleri geniş bir kaseye ekleyin ve iyice karıştırın. Damak tadınıza göre baharatlayıp soğuk servis yapın.

Eğlence!

Tavuk Waldorf Salatası

İçindekiler:

Tuz biber

4 6 ila 8 ons kemiksiz, derisiz tavuk göğsü, kalınlığı en fazla 1 inç, tartılmış, kesilmiş

½ bardak mayonez

2 yemek kaşığı. limon suyu

1 çay kaşığı Dijon hardalı

½ çay kaşığı öğütülmüş rezene tohumu

2 sap kereviz, ince doğranmış

1 kıyılmış arpacık soğanı

1 Granny Smith soyulmuş, çekirdeği çıkarılmış, yarıya bölünmüş ve ¼ inçlik parçalar halinde kesilmiş

1/2 su bardağı kıyılmış ceviz

1 çorba kaşığı. dilimlenmiş taze tarhun

1 çay kaşığı dilimlenmiş taze kekik

Yöntem

2 yemek kaşığı eritin. Bir tencerede 6 su bardağı soğuk suya tuz atın. Kümes hayvanlarını suya batırın. Tencereyi sıcak su üzerinde 170 santigrat dereceye kadar ısıtın. Isıyı kapatın ve 15 dakika dinlenmeye bırakın. Kuşları kağıt havluyla kaplı bir tabağa geri koyun. Kuşlar soğuyana kadar yaklaşık yarım saat buzdolabında bekletin. Kuşlar soğurken mayonez, limon suyu, hardal, öğütülmüş rezene ve ¼ çay kaşığı karıştırın. geniş bir tabağa birlikte bastırın. Kuşları bir süngerle kurulayın ve ½ inçlik parçalar halinde kesin. Kuşları mayonez karışımıyla birlikte tabağa geri koyun. Yulaf ezmesi, arpacık soğanı, elma suyu, ceviz, tarhun ve kekiği ekleyin; karıştırın. Güçlendirici ile tatlandırın ve tadına göre tuz ekleyin. Katılmak.

Eğlence!

İçindekiler:

1 su bardağı barbunya fasulyesi, soyulmuş ve durulanmış

Tuz biber

6 bardak su

2 su bardağı düşük sodyumlu tavuk suyu

5 diş sarımsak, hafifçe kıyılmış ve soyulmuş

1 defne yaprağı

5 yemek kaşığı sızma zeytinyağı

3 yemek kaşığı beyaz şarap sirkesi

½ su bardağı kalın dilimlenmiş Kalamata zeytini

½ fincan taze Harika Sonuçlar, doğranmış

1 büyük kıyılmış arpacık soğanı

¼ su bardağı ufalanmış beyaz peynir

Yöntem

Fasulyeleri 4 su bardağı sıcak suya 1 çay kaşığı ekleyerek ıslatın. içinde tuz.

İyice boşaltın. Fasulyeleri, kalan suyu, et suyunu, sarımsağı, defne yaprağını

ve tuzu bir tencerede birleştirip fasulyeler yumuşayana kadar pişirin.

Sarımsak ve defne yapraklarını boşaltıp atın. Diğer malzemeleri bir kapta

birleştirin ve iyice karıştırın. Beyaz peynir serpip servis yapın.

Eğlence!